Proyecto de la OCDE y del G-20 sobre la Erosión de la Base Imponible y el Traslado de Beneficios

Documentación sobre precios de transferencia e informe país por país, Acción 13 - Informe final 2015

Tanto este documento como cualquier mapa que se incluya en él no conllevan perjuicio alguno respecto al estatus o la soberanía de cualquier territorio, a la delimitación de fronteras y límites internacionales, ni al nombre de cualquier territorio, ciudad o área.

Por favor, cite esta publicación de la siguiente manera:
OCDE (2016), *Documentación sobre precios de transferencia e informe país por país, Acción 13 - Informe final* 2015, Proyecto de la OCDE y del G-20 sobre la Erosión de la Base Imponible y el Traslado de Beneficios, Éditions OCDE, Paris.
http://dx.doi.org/10.1787/9789264267909-es

ISBN 978-92-64-26785-5 (impresa)
ISBN 978-92-64-26790-9 (PDF)

Serie: Proyecto de la OCDE y del G-20 sobre la Erosión de la Base Imponible y el Traslado de Beneficios
ISSN 2415-6094 (impresa)
ISSN 2415-6108 (en línea)

Fotografías: Portada © ninog – Fotolia.com

Las erratas de las publicaciones de la OCDE se encuentran en línea en: *www.oecd.org/about/publishing/corrigenda.htm.*

Prefacio

Los problemas de fiscalidad internacional nunca habían ocupado un lugar tan prioritario en las agendas políticas como hoy en día. La integración de las economías y los mercados nacionales se ha intensificado de manera sustancial en los últimos años colocando, así, contra las cuerdas al sistema fiscal internacional, diseñado hace más de un siglo. Las normas actuales han dejado al descubierto una serie de puntos débiles que generan oportunidades para la erosión de las bases imponibles y el traslado de beneficios (BEPS, por sus siglas en inglés), lo que exige decisiones drásticas y determinación por parte de los responsables políticos con miras a restablecer la confianza en el sistema tributario internacional y asegurarse de que los beneficios tributen allí donde se desarrollen efectivamente las actividades económicas y se genere valor.

En septiembre de 2013, a raíz de la publicación del informe titulado *Lucha contra la erosión de la base imponible y el traslado de beneficios* en febrero de 2013, los países de la OCDE y del G-20 avalaron y adoptaron un Plan de Acción conformado por 15 líneas de actuación o «acciones» para dar respuesta a los problemas BEPS. Dicho Plan de acción y las 15 medidas que lo conforman giran en torno a tres *pilares* fundamentales: dotar de coherencia a las normas de Derecho interno que afectan a las actividades transfronterizas; reforzar el *criterio de actividad sustancial* contemplado por las normas internacionales en vigor y, por último, mejorar la transparencia y la seguridad jurídica.

Desde entonces, todos los países de la OCDE y del G-20 han trabajado de manera conjunta y en condiciones de igualdad, habiendo igualmente manifestado su postura y aportado sus puntos de vista la Comisión Europea a lo largo de todo el proceso atinente al Proyecto BEPS. Los países en desarrollo han participado extensa y activamente a través de diversos y diferentes mecanismos, incluida la participación directa en el Comité de Asuntos Fiscales (CAF). Adicionalmente, organismos fiscales regionales como el Foro Africano de Administración Tributaria (ATAF, por sus siglas en inglés), el Centro de Encuentros y Estudios de Dirigentes de Administraciones Fiscales (CREDAF, por sus siglas en francés) y el Centro Interamericano de Administraciones Tributarias (CIAT) se unieron a organizaciones internacionales tales como el Fondo Monetario Internacional (FMI), el Banco Mundial o Naciones Unidas (ONU) para contribuir a la labor desarrollada. Fruto de la consulta minuciosa a las partes interesadas, el Proyecto BEPS recibió en total más de 1 400 páginas de comentarios procedentes de organizaciones sectoriales y asociaciones empresariales, asesores, organizaciones no gubernamentales (ONG), docentes y otros representantes del sector académico, al igual que también se celebraron 14 consultas públicas retransmitidas en directo a través de la web, junto con la difusión de sesiones en forma de *webcasts,* a través de las cuales la Secretaría de la OCDE informaba periódicamente a los seguidores y respondía a preguntas.

La compleción de los informes correspondientes a las 15 medidas del *Plan de acción BEPS* ha requerido dos años de trabajo. Todos los resultados plasmados en los distintos informes, incluidos los apuntados en los informes provisionales presentados en 2014, han adquirido carácter definitivo y se han unificado dando lugar a un paquete de medidas integral. El Paquete de medidas BEPS representa la primera renovación sustancial de las normas y estándares fiscales internacionales en casi un siglo. Una vez las nuevas medidas comiencen a aplicarse, se espera conseguir que los beneficios se declaren allí donde se desarrollen las actividades económicas que los generan y se crea valor. Todas aquellas estrategias de planificación fiscal con fines claramente elusivos cimentadas sobre normas obsoletas o sustentadas por medidas internas mal coordinadas quedarán sin efecto.

En consecuencia, la implementación resulta clave en esta fase. El paquete de medidas BEPS se diseñó precisamente para ser implementado mediante cambios en la legislación y prácticas nacionales y en aplicación de las disposiciones contempladas en los convenios fiscales, existiendo negociaciones actualmente en curso para desarrollar un instrumento multilateral que se prevé concluyan en 2016. Asimismo, los países de la OCDE y del G-20 han acordado seguir trabajando conjuntamente a fin de garantizar la implementación sistemática y coordinada de las recomendaciones en materia de BEPS. La globalización exige soluciones comunes, así como también es preciso entablar un diálogo a escala mundial que trascienda los países de la OCDE y del G-20. A tal fin, los países de la OCDE y del G-20 diseñarán y propondrán en 2016 un marco inclusivo de seguimiento, contando para ello con la participación de todos los países interesados en condiciones de igualdad.

A priori, una mejor comprensión acerca de la aplicación práctica de las recomendaciones en materia de BEPS podría disipar equívocos y dirimir controversias entre los distintos gobiernos, por lo que un mayor énfasis en temas como la implementación y administración tributaria debería resultar mutuamente beneficioso para administraciones públicas y empresas. Por último, las mejoras propuestas en materia de recopilación y análisis de datos permitirán llevar a cabo una evaluación permanente del impacto en términos cuantitativos no sólo del fenómeno BEPS, sino también de las medidas antielusivas desarrolladas en el marco del Proyecto BEPS.

Índice

Abreviaturas y siglas

AAC	Acuerdo entre autoridades competentes
AIIT	Acuerdo de intercambio de información tributaria
AMAC	Acuerdo multilateral entre autoridades competentes
APV	Acuerdo previo de valoración de precios de transferencia
BEPS	Erosión de la base imponible y traslado de beneficios
CAF	Comité de Asuntos Fiscales
CDI	Convenio sobre doble imposición
EMN	Empresa multinacional
EP	Establecimiento permanente
ETC	Equivalente a tiempo completo
G20	G20
I+D	Investigación y desarrollo
IPP	Informe país por país
OCDE	Organización para la Cooperación y el Desarrollo Económicos
PA	Procedimiento amistoso
Pyme	Pequeña y mediana empresa
XML	Lenguaje de marcas extensible

Resumen ejecutivo

El presente informe contiene una revisión de los estándares aplicables a la documentación sobre precios de transferencia, así como un modelo para la presentación de informes país por país sobre ingresos, impuestos satisfechos y ciertos indicadores de actividad económica.

La Acción 13 del Plan de acción contra la erosión de la base imponible y el traslado de beneficios (BEPS) exhorta al desarrollo de *"normas relativas a la documentación sobre precios de transferencia para aumentar la transparencia hacia la administración tributaria, teniendo en cuenta los costes de cumplimiento para las empresas. Las normas a desarrollar incluirán el requisito de que las empresas multinacionales suministren a todos los gobiernos pertinentes la información necesaria sobre la asignación y el reparto mundial de sus ingresos, la actividad económica y los impuestos pagados en los distintos países, aplicando un modelo común".*

En respuesta a esta obligación, se ha desarrollado un enfoque estandarizado en tres niveles en relación con la documentación sobre precios de transferencia.

En primer lugar, las directrices relativas a la documentación sobre precios de transferencia establecen la obligación, por parte de las empresas multinacionales, de facilitar a las administraciones tributarias competentes información completa y exhaustiva acerca de sus actividades económicas a escala mundial y de sus políticas generales en materia de precios de transferencia en un "archivo maestro" al que tendrán acceso todas las administraciones tributarias pertinentes.

En segundo lugar, exigen también aportar documentación adicional sobre precios de transferencia en un "archivo local" específico para cada país, en el que se identifiquen las operaciones significativas entre entidades vinculadas, los importes de dichas operaciones y el análisis efectuado por la empresa en la determinación de los precios de transferencia de esas operaciones.

En tercer lugar, las grandes empresas multinacionales están obligadas a presentar anualmente un informe país por país indicando el nivel de ingresos, los beneficios antes de impuestos y la cuantía del impuesto sobre sociedades satisfecho y devengado en cada una de las jurisdicciones fiscales en que desarrollan sus actividades. Se exige asimismo a las EMN que declaren el número total de trabajadores, el capital declarado, beneficios no distribuidos y activos tangibles en cada jurisdicción fiscal. Por último, las empresas multinacionales han de identificar clara y debidamente cada una de las entidades pertenecientes al grupo que desarrollen su actividad en una determinada jurisdicción fiscal, especificando el tipo concreto de actividad económica que desarrolla cada entidad.

En su conjunto, estos tres documentos (archivo maestro, archivo local e informes país por país) obligarán a los contribuyentes a articular de manera coherente sus posiciones en materia de precios de transferencia y proporcionarán a las administraciones tributarias información útil a efectos de evaluar el riesgo en materia de precios de transferencia, optimizar la utilización de los recursos de inspección y, en caso de que proceda una inspección, aportar información para iniciar y orientar el procedimiento inspector. Esta información debería contribuir a que las administraciones tributarias puedan determinar si las empresas han incurrido en prácticas de precios de transferencia u otras que tengan por objeto trasladar artificialmente cantidades sustanciales de beneficios a países en los que reciben un tratamiento fiscal favorable. Los países participantes en el Proyecto BEPS están de acuerdo en que estas nuevas normas en materia de declaración, junto con la transparencia que fomentan, contribuirán a alcanzar el objetivo de comprender, controlar y combatir las conductas resultantes en BEPS.

El contenido específico de los diversos documentos refleja un intento de alcanzar un equilibrio entre las necesidades de información de las administraciones tributarias, las preocupaciones relativas al uso indebido de la información y los costes y cargas de cumplimiento que recaen sobre las empresas. Algunos países lograrán ese equilibrio de una forma diferente, exigiendo que el informe país por país contenga información adicional sobre las operaciones (más allá de la información requerida en los archivos maestro y local sobre operaciones realizadas por entidades que operan en sus jurisdicciones) acerca de los pagos efectuados a entidades vinculadas en concepto de intereses, cánones o regalías y, en especial, las retribuciones por servicios de empresas asociadas. Ésta es la postura defendida principalmente por países con mercados emergentes (Argentina, Brasil, República Popular China, Colombia, India, México, Sudáfrica y Turquía), que señalan necesitar esa información para evaluar los riesgos y tener dificultades para obtener información sobre las actividades realizadas a escala mundial por los grupos multinacionales con sede en otros territorios. Otros países han manifestado su apoyo a la modalidad prevista en este documento para lograr ese equilibrio. Atendiendo a todas estas consideraciones, es imperativo que los países participantes en el Proyecto BEPS analicen cuidadosamente la aplicación de estas nuevas normas y reevalúen, antes de que finalice el año 2020, si procede modificar el contenido de estos informes para exigir la declaración de datos adicionales o distintos.

Es indiscutible la importancia de que la aplicación de las normas relativas a la documentación sobre precios de transferencia y, más concretamente, el informe país por país sea eficaz y coherente. En consecuencia, los países participantes en el Proyecto BEPS alcanzaron un acuerdo sobre los aspectos más relevantes de la aplicación de dicha documentación e informes, respectivamente. En virtud de dicho acuerdo, las empresas multinacionales han de presentar los archivos maestro y local directamente a las administraciones tributarias competentes en cada caso. La presentación de los informes país por país deberá tener lugar en la jurisdicción de residencia fiscal de la sociedad matriz, teniendo acceso las distintas jurisdicciones a su contenido mediante el mecanismo de intercambio automático de información articulado en los instrumentos de cooperación gubernamental como, por ejemplo, el Convenio de Asistencia Administrativa Mutua en Materia Fiscal, convenios fiscales bilaterales o acuerdos de intercambio de información tributaria. En circunstancias excepcionales, también pueden utilizarse mecanismos secundarios para almacenar dicha documentación a modo de copia de seguridad en la jurisdicción local de que se trate.

Esta nueva obligación de presentar el informe país por país ha de introducirse para los ejercicios fiscales que comiencen el 1 de enero de 2016 o con posterioridad y resulta aplicable, sin perjuicio de los resultados de la revisión a finales del año 2020, a los grupos multinacionales cuyos ingresos anuales consolidados equivalgan a o excedan de los 750 millones de euros. Se reconoce que algunas jurisdicciones pueden necesitar tiempo para seguir su particular proceso legislativo nacional para poder hacer los ajustes necesarios a la ley.

A fin de facilitar la aplicación de las nuevas normas de información, se ha desarrollado un instrumento de ejecución consistente en una ley modelo, que pueden adoptar los países para exigir a los grupos multinacionales que presenten el informe país por país, así como acuerdos entre autoridades competentes concebidos para facilitar el intercambio de dichos informes entre administraciones tributarias. El siguiente paso consiste en desarrollar un esquema XML y la correspondiente guía de usuario de cara a poder articular el intercambio electrónico de dichos informes.

Es más que plausible que aumente la necesidad de adoptar mecanismos de resolución de controversias más eficaces como resultado de la mejora en la capacidad de evaluación de riesgos a raíz de la adopción y ejecución de la obligación de presentar los informes país por país. Se ha tenido debidamente en cuenta dicha necesidad a la hora de diseñar los mecanismos de cooperación gubernamental a los que cabe remitirse para facilitar el intercambio automático de informes país por país.

Las jurisdicciones deberán esforzarse por introducir, en la medida en que sea necesario, la normativa interna dentro del marco temporal establecido en este informe. Asimismo, se les invita a ampliar el alcance de sus acuerdos de intercambio de información a nivel internacional. Se diseñarán diversos mecanismos para supervisar el grado de cumplimiento de los compromisos adquiridos por las jurisdicciones firmantes de dichos acuerdos y controlar la eficacia de los mecanismos de almacenamiento y divulgación. Los resultados de los procedimientos de supervisión y control se tendrán en cuenta en la revisión que tendrá lugar en 2020.

Capítulo V de las directrices sobre la documentación de los precios de transferencia

Se elimina por completo el texto del capítulo V de las Directrices de la OCDE en materia de precios de transferencia y se reemplaza por el texto y anexos siguientes.

A. Introducción

1. El presente capítulo contiene las orientaciones que deben seguir las administraciones tributarias en el desarrollo de sus normas y procedimientos sobre la documentación que han de aportar los contribuyentes en el marco de investigaciones o evaluaciones de riesgos en materia de precios de transferencia. Constituye también una guía para ayudar a los contribuyentes a identificar la documentación que resulta más útil a fin de demostrar que sus operaciones cumplen el principio de plena competencia y, por tanto, para resolver cuestiones sobre precios de transferencia y facilitar las comprobaciones tributarias.

2. Cuando en 1995 se adoptó el capítulo V de las presentes Directrices, las administraciones tributarias y los contribuyentes tenían menos experiencia en la creación y utilización de documentación sobre precios de transferencia. El antiguo texto del capítulo V de las Directrices subrayaba la necesidad de que el proceso de documentación fuera razonable, tanto desde el punto de vista de los contribuyentes como de las administraciones tributarias, así como el deseo de que hubiera una mayor cooperación entre las administraciones tributarias y los contribuyentes para resolver los problemas de documentación al objeto de evitar una carga excesiva derivada del cumplimiento documental y al mismo tiempo facilitar información suficiente a efectos de una aplicación fiable del principio de plena competencia. El texto previo del capítulo V no establecía una lista de documentos que tuvieran que incluirse en el paquete documental sobre precios de transferencia ni ofrecía orientaciones claras acerca de las relaciones entre el proceso de documentación sobre precios de transferencia, la imposición de sanciones y la carga de la prueba.

3. Desde entonces, muchos países han adoptado normas reguladoras de la documentación sobre precios de transferencia, de modo que la proliferación de estas normas obligatorias, junto con un drástico incremento del volumen y la complejidad del comercio intragrupo internacional, así como la intensificación de las investigaciones por las administraciones tributarias en materia de precios de transferencia, han propiciado un aumento significativo de los costes de cumplimiento para los contribuyentes. No obstante, es frecuente que las administraciones tributarias consideren que la documentación sobre precios de transferencia no proporciona una información completa y resulta insuficiente para la aplicación de la normativa fiscal y la evaluación de riesgos.

4. En la exposición que figura a continuación se señalan tres objetivos de las normas relativas a la documentación de los precios de transferencia. Asimismo se ofrecen orientaciones acerca de la formulación de dichas normas, de modo que el cumplimiento de la normativa sobre precios de transferencia resulte más sencillo y uniforme entre los distintos

países, facilitando al mismo tiempo a las administraciones tributarias una información más aquilatada y útil para inspecciones y evaluaciones de riesgos de precios de transferencia. A la hora de establecer dichas normas, es importante alcanzar un equilibrio entre, de una parte, la utilidad de los datos para las administraciones tributarias a efectos de evaluación del riesgo de precios de transferencia y otros fines y, de otra, el eventual incremento de las cargas de cumplimiento que recaen en los contribuyentes. A este respecto, procede señalar que la claridad y la adopción generalizada de las normas sobre documentación pueden reducir los costes de cumplimiento que en otro caso se soportarían en un litigio de precios de transferencia.

B. Objetivos de las obligaciones documentales en materia de precios de transferencia

5. Los tres objetivos de las obligaciones documentales en materia de precios de transferencia son:

1. velar por que los contribuyentes tengan debidamente en cuenta las obligaciones derivadas de las normas de precios de transferencia al fijar los precios y las condiciones de las operaciones entre empresas asociadas, y a la hora de consignar en sus declaraciones fiscales los rendimientos de dichas operaciones;
2. proporcionar a las administraciones tributarias la información necesaria para efectuar una evaluación fundamentada del riesgo de precios de transferencia; y
3. facilitar a las administraciones tributarias información útil para realizar una inspección en profundidad de las prácticas de precios de transferencia de los obligados tributarios ubicados en su jurisdicción, sin perjuicio de que pueda ser necesario complementar la documentación con información adicional a medida que avance la inspección.

6. Es preciso tener en cuenta cada uno de estos objetivos a la hora de establecer las obligaciones documentales nacionales en materia de precios de transferencia. Es importante que los contribuyentes estén obligados a evaluar detenidamente, en el momento de presentar la declaración del Impuesto o incluso antes, el cumplimiento por su parte de las normas sobre precios de transferencia vigentes. Resulta también determinante que las administraciones tributarias puedan acceder a la información que necesitan a fin de evaluar los riesgos de precios de transferencia, con objeto de tomar una decisión fundada acerca de la iniciación de una inspección. Asimismo, es fundamental que las administraciones tributarias, una vez decidan iniciar una inspección, puedan acceder o solicitar en tiempo oportuno toda la información adicional necesaria para concluirla de forma completa.

B.1. Autoevaluación por el contribuyente del cumplimiento del principio de plena competencia

7. La documentación sobre precios de transferencia, al exigir a los contribuyentes que articulen unas posiciones convincentes, coherentes y fundamentadas en materia de precios de transferencia, puede contribuir a crear una cultura de cumplimiento. Una documentación bien elaborada ofrecerá a las administraciones tributarias ciertas garantías de que el contribuyente ha analizado las posiciones que hace constar en las declaraciones de impuestos, ha tomado en consideración los datos comparables disponibles y ha llegado a unas posiciones coherentes en materia de precios de transferencia. Además, la obligación de documentar de forma simultánea a la realización de las operaciones contribuirá a asegurar la integridad de las posiciones de los contribuyentes y les impedirá elaborar a posteriori una justificación de las mismas.

8. Este objetivo de cumplimiento con las normas puede ser secundado de dos formas relevantes. En primer lugar, las administraciones tributarias pueden exigir que las obligaciones de documentación sobre precios de transferencia sean cumplidas de forma simultánea a la realización de la operación. Ello implica que la documentación sea elaborada en el momento de la operación o, en cualquier caso, a más tardar en el momento de realizar y presentar la declaración de impuestos correspondiente al ejercicio fiscal en que tuvo lugar la operación. La segunda forma de incentivar el cumplimiento consiste en establecer regímenes sancionadores en materia de precios de transferencia de tal forma que se recompense la preparación dentro de plazo de una documentación exacta sobre precios de transferencia y se creen incentivos para un examen tempestivo y minucioso de las posiciones de precios de transferencia del contribuyente. Las obligaciones de presentación de documentación y las disposiciones sancionadoras relativas a la documentación se exponen con más detalle en la sección D más adelante.

9. Aunque lo ideal sería que los contribuyentes utilizaran la documentación sobre precios de transferencia como una oportunidad de dotar de un fundamento sólido a sus políticas sobre precios de transferencia, satisfaciendo así un objetivo esencial de las mencionadas obligaciones, existen problemas como los costes, las limitaciones de tiempo y otras tareas que reclaman la atención del personal correspondiente, que pueden dificultar en ocasiones el logro de dicho objetivo. Por consiguiente, es fundamental que los países establezcan unas obligaciones documentales razonables y centradas en las operaciones significativas, con objeto de asegurar que las materias más importantes reciban la atención que precisan.

B.2. Evaluación del riesgo de precios de transferencia

10. La identificación y evaluación efectivas del riesgo constituyen una fase esencial del proceso encaminado a seleccionar los casos en los que procede realizar investigaciones o inspecciones sobre precios de transferencia, centrando dichas inspecciones en las cuestiones más significativas. Teniendo en cuenta que los recursos de las administraciones tributarias son limitados, es importante que evalúen con precisión, desde el inicio mismo de una potencial inspección, si la estrategia de precios de transferencia de un contribuyente justifica un examen en profundidad y la asignación de considerables recursos de los órganos de inspección tributaria. Especialmente en lo que respecta a cuestiones de precios de transferencia (que por lo general son complejas y ponen en juego un gran número de elementos de hecho), la evaluación efectiva del riesgo constituye un requisito previo esencial para una inspección bien dirigida y eficiente en términos de recursos. El Manual de la OCDE sobre evaluación de los riesgos de precios de transferencia es un instrumento útil para efectuar dichas evaluaciones del riesgo.

11. A fin de evaluar adecuadamente el riesgo de precios de transferencia, la administración tributaria tiene que disponer de información suficiente, pertinente y fiable desde un primer momento. Si bien existen muchas fuentes de información pertinente, la documentación sobre precios de transferencia es esencial.

12. Existen diversos instrumentos y fuentes de información para identificar y evaluar los riesgos de precios de transferencia de los contribuyentes y de las operaciones, entre ellos formularios y modelos de declaración de precios de transferencia (que deben presentarse junto con la declaración anual del Impuesto), cuestionarios preceptivos de precios de transferencia centrados en determinadas áreas de riesgo, obligaciones generales de documentación sobre precios de transferencia con indicación de los elementos de prueba necesarios para demostrar el cumplimiento del principio de plena competencia por el contribuyente, y contactos de cooperación entre las administraciones tributarias y los contribuyentes. Todos

los instrumentos y fuentes de información parecen responder a una misma consideración fundamental: la administración tributaria necesita tener fácil acceso a la información pertinente desde un primer momento a fin de llevar a cabo una evaluación precisa y fundada del riesgo de precios de transferencia. A la hora de articular las normas relativas a la documentación sobre precios de transferencia, debe atribuirse especial relevancia a garantizar que la evaluación del riesgo de precios de transferencia sea eficiente, con un alto nivel de calidad y disponiendo de una información fiable y adecuada.

B.3. Inspección de precios de transferencia

13. El tercer objetivo de la documentación sobre precios de transferencia consiste en facilitar a las administraciones tributarias información útil que puedan utilizar en la realización de una inspección exhaustiva sobre precios de transferencia. Las inspecciones de precios de transferencia suelen llevar aparejado el examen de un gran número de hechos. A menudo requieren complejas evaluaciones acerca de la comparabilidad de diversas operaciones y mercados. Pueden exigir un análisis detallado de elementos fácticos, información financiera e información sectorial. En el curso de la inspección, la disponibilidad de información adecuada procedente de diversas fuentes es decisiva para que la administración tributaria pueda examinar ordenadamente las operaciones vinculadas del contribuyente con empresas asociadas y aplicar las normas correspondientes en materia de precios de transferencia.

14. En el caso de que una evaluación adecuada del riesgo de precios de transferencia indique que está justificado iniciar una inspección exhaustiva sobre una o varias cuestiones de precios de transferencia, es evidente que la administración tributaria ha de tener la posibilidad de obtener, en un plazo razonable, todos los documentos e información pertinentes en poder del contribuyente. Ello incluye la información relacionada con las actividades y funciones del contribuyente, información sobre las actividades, funciones y resultados financieros de las empresas asociadas con las que el contribuyente ha efectuado operaciones vinculadas, información sobre potenciales comparables, incluidos comparables internos, y documentos acerca de las actividades y resultados financieros de entidades y operaciones no vinculadas potencialmente comparables. En la medida en que dicha información se recoja en la documentación sobre precios de transferencia, será posible prescindir de potenciales procedimientos de aportación de información y documentos especiales. Sin embargo, hay que reconocer que resultaría indebidamente gravoso e ineficiente desde el punto de vista de la documentación sobre precios de transferencia pretender anticipar toda la información que pueda ser necesaria para una inspección completa. En consecuencia, se darán inevitablemente situaciones en las que las administraciones tributarias deseen obtener información no incluida en la documentación. Así pues, el acceso por parte de la administración tributaria a la información no debería limitarse a la documentación en la que se basó la evaluación del riesgo de precios de transferencia. En caso de que una jurisdicción exija que una determinada información sea conservada a efectos de inspecciones de precios de transferencia, deberá alcanzarse un equilibrio entre la necesidad informativa de la administración tributaria y la carga que el cumplimiento de tales obligaciones impone a los contribuyentes.

15. Con frecuencia, los documentos y la información requeridos para una inspección de precios de transferencia pueden estar en poder de una entidad perteneciente al Grupo Multinacional distinta de la empresa asociada local objeto de inspección. Los documentos necesarios estarán ubicados a menudo fuera del país cuya administración tributaria está llevando a cabo la inspección. Por lo tanto, es importante que la administración tributaria pueda obtener directamente o mediante intercambio de información, por ejemplo a través de mecanismos establecidos a tal efecto, la información localizada más allá de las fronteras de su país.

C. Un enfoque en tres niveles de la documentación sobre precios de transferencia

16. Con objeto de lograr los objetivos descritos en la sección B, los países deben adoptar un enfoque estandarizado en cuanto a la documentación sobre precios de transferencia. Esta sección expone un sistema de tres niveles consistente en (i) el archivo maestro, que recoge información estandarizada correspondiente a todos los miembros del Grupo Multinacional; (ii) el archivo local que se refiere específicamente a las operaciones significativas del contribuyente local; y (iii) el informe país por país, que contiene cierta información acerca de la distribución mundial de los beneficios y los impuestos pagados, junto con determinados indicadores de la ubicación de la actividad económica dentro del Grupo Multinacional.

17. Este enfoque facilitará a las administraciones tributarias información fiable y pertinente para realizar una evaluación sólida y eficiente del riesgo de precios de transferencia. Asimismo proporcionará una plataforma para ampliar la información necesaria para una inspección y ofrecerá a los contribuyentes un medio y un incentivo para analizar y describir coherentemente el cumplimiento por su parte del principio de plena competencia en las operaciones significativas.

C.1. Archivo maestro

18. El archivo maestro debe ofrecer una visión general del negocio del Grupo Multinacional, en particular la índole de sus actividades económicas a escala mundial, sus políticas generales en materia de precios de transferencia y el reparto de sus beneficios y actividades económicas a nivel mundial, con objeto de permitir a las administraciones tributarias que evalúen si concurre un riesgo significativo de precios de transferencia. En general, el archivo maestro tiene por objeto proporcionar una visión general de alto nivel con el fin de ubicar las prácticas de precios de transferencia del Grupo Multinacional en su contexto mundial en el plano económico, legal, financiero y fiscal. No se trata de exigir una enumeración exhaustiva de minucias (p. ej., un listado de todas las patentes propiedad del Grupo Multinacional), ya que sería innecesariamente oneroso y contrario a los objetivos del archivo maestro. A la hora de elaborar el archivo maestro, incluidos los listados de contratos, intangibles y operaciones significativos, los contribuyentes han de aplicar un criterio empresarial prudente en la determinación del grado adecuado de detalle de la información proporcionada, teniendo presente que el objetivo del archivo maestro consiste en ofrecer a las administraciones tributarias una visión general de alto nivel de las actividades y políticas mundiales de la empresa multinacional. Cuando los requisitos del archivo maestro puedan cumplirse mediante remisiones a otros documentos existentes, se considerará que dichas remisiones, junto con las copias de los documentos de que se trate, satisfacen el requisito en cuestión. A efectos de elaborar el archivo maestro, una información se considera importante si su omisión afectaría a la fiabilidad de los resultados de los precios de transferencia.

19. La información que ha de incluirse en el archivo maestro ofrece un "esbozo" del Grupo Multinacional y contiene datos relevantes que cabe clasificar en cinco categorías: (a) la estructura organizativa del Grupo Multinacional; (b) una descripción del negocio o negocios de la EMN; (c) los intangibles de la EMN; (d) las actividades financieras intragrupo de la EMN; y (e) las posiciones financieras y fiscales de la EMN.

20. En el archivo maestro, los contribuyentes deben consignar información referente a la EMN en su conjunto. No obstante, se permite organizar la información por líneas de negocio cuando así lo justifiquen suficientemente las circunstancias, por ejemplo cuando, por la estructura del Grupo Multinacional, algunas líneas de negocio significativas operen

con un alto grado de independencia o hayan sido adquiridas recientemente. En caso de que se recurra a la presentación por líneas de negocio, es preciso velar por que las funciones centralizadas del grupo y las operaciones entre distintas líneas de negocio sean descritas adecuadamente en el archivo maestro. Aun cuando se opte por una presentación por líneas de negocio, el conjunto del archivo maestro correspondiente a todas las líneas de negocio debe estar a disposición de cada país con miras a garantizar que se proporcione una visión general apropiada del negocio mundial del Grupo Multinacional.

21. En el anexo I del capítulo V de las presentes Directrices se indica la información que ha de incluirse en el archivo maestro.

C.2. Archivo local

22. A diferencia del archivo maestro, que presenta una visión general de alto nivel tal como se ha indicado en el párrafo 18, el archivo local refleja información más detallada sobre operaciones intragrupo específicas. La información que hay que incluir en el archivo local complementa al archivo maestro y contribuye al objetivo de garantizar el cumplimiento del principio de plena competencia por el contribuyente en sus posiciones significativas de precios de transferencia en una jurisdicción determinada. El archivo local se centra en la información pertinente para analizar los precios de transferencia en las operaciones entre una empresa asociada local y las asociadas de otros países, siempre que sean significativas conforme al sistema tributario local. Dicha información comprende los datos financieros de tales operaciones específicas, un análisis de comparabilidad, y la selección y aplicación del método de precios de transferencia más apropiado. En caso de que un requisito del archivo local pueda satisfacerse plenamente mediante una remisión a la información contenida en el archivo maestro, será suficiente dicha remisión.

23. El anexo II del capítulo V de las presentes Directrices establece los elementos de información que han de hacerse constar en el archivo local.

C.3. Informe país por país

24. El informe país por país exige agregar información fiscal a nivel de cada jurisdicción en lo que respecta al reparto mundial de los beneficios y los impuestos pagados, así como ciertos indicadores de la localización de las actividades económicas en las jurisdicciones fiscales en las que opera el Grupo Multinacional. El informe exige asimismo enumerar todas las Entidades Integrantes cuya información financiera se presente, haciendo constar la jurisdicción fiscal de constitución cuando fuera diferente de la jurisdicción fiscal de residencia y la naturaleza de las principales actividades económicas ejercidas por la Entidad Integrante.

25. El informe país por país será de utilidad a la hora de evaluar con carácter global el riesgo de precios de transferencia. Asimismo, las administraciones tributarias podrán recurrir a él para valorar otros riesgos relacionados con la erosión de la base imponible y el traslado de beneficios, y siempre que sea procedente a efectos de análisis económicos y estadísticos. Sin embargo, la información que figura en el informe país por país no sustituye a un análisis detallado de precios de transferencia de operaciones y precios concretos, realizado sobre la base de un análisis completo funcional y de comparabilidad. La información que consta en el informe país por país no constituye, por sí sola, una prueba concluyente de que los precios de transferencia sean o no adecuados. No deberá ser utilizada por las administraciones tributarias para proponer ajustes de precios de

transferencia mediante un reparto global del beneficio realizado aplicando una fórmula predeterminada.

26. En el anexo III del capítulo V de las presentes Directrices se recoge una plantilla modelo del informe país por país, junto con las instrucciones correspondientes.

D. Cuestiones de cumplimiento

D.1. Documentación simultánea

27. Los contribuyentes deben procurar determinar sus precios de transferencia, a efectos fiscales, de acuerdo con el principio de plena competencia, basándose en la información a la que puedan acceder, en los márgenes de lo razonable en el momento de la operación. Así, antes de fijar precios, un contribuyente normalmente debe analizar si sus precios de transferencia son adecuados a efectos fiscales y ha de comprobar si sus resultados financieros se atienen al principio de plena competencia en el momento de presentar su declaración fiscal.

28. No debe esperarse del contribuyente que incurra en costes y cargas desproporcionadamente altos para aportar documentación. En consecuencia, las administraciones tributarias han de ponderar sus requerimientos de documentación con las cargas administrativas y los costes estimados que habrá de soportar el contribuyente para elaborar dicha documentación. Cuando un contribuyente demuestre razonablemente, atendiendo a los principios expuestos en estas Directrices, que no existen datos comparables o que el coste de localizarlos sería desproporcionadamente elevado en relación con los importes que se cuestionan, no estará obligado a incurrir en costes para buscar tales datos.

D.2. Marco temporal

29. En cuanto al momento de elaboración de la documentación, las prácticas difieren entre los distintos países. Algunos países exigen que la información esté ultimada con ocasión de la presentación de la declaración de impuestos. Otros requieren que la documentación esté disponible cuando se inicia una inspección. Las prácticas también difieren en lo que respecta al plazo que se concede a los contribuyentes para atender a requerimientos específicos de documentación y otros requerimientos de información relacionados con una inspección de la administración tributaria. Estas divergencias en los plazos previstos para aportar información pueden dificultar que los contribuyentes fijen prioridades y proporcionen la información pertinente a las administraciones tributarias en el momento oportuno.

30. La mejor práctica consiste en exigir que el archivo local esté concluido a más tardar en la fecha señalada para la presentación de la declaración de impuestos del ejercicio fiscal de que se trate. El archivo maestro ha de ser revisado y, si fuera necesario, actualizado antes de la fecha fijada para presentar la declaración de impuestos de la sociedad matriz última del Grupo Multinacional. En los países que hayan establecido la política de examinar las operaciones en el momento en que se efectúan, en el marco de programas de cumplimiento por cooperación voluntaria, es posible que sea necesario facilitar determinada información antes de la presentación de la declaración de impuestos.

31. En lo que se refiere al informe país por país, se reconoce que, en algunos supuestos, los estados financieros definitivos previstos en la ley y otra información financiera que resulte pertinente para el informe país por país que se describen en el anexo III, pueden no estar finalizados hasta después de la fecha prevista en algunos países para presentar las

declaraciones de impuestos de un ejercicio fiscal determinado. En ciertas circunstancias, la fecha para concluir el informe país por país descrito en el anexo III del capítulo V de las presentes Directrices podrá prorrogarse hasta el año siguiente al último día del ejercicio fiscal de la matriz última del Grupo Multinacional.

D.3. Relevancia

32. No todas las operaciones entre empresas asociadas revisten suficiente importancia como para que deban ser consignadas íntegramente en el archivo local. Las administraciones tributarias tienen interés en recibir la información más significativa y al mismo tiempo tienen también interés en que las empresas multinacionales no se vean tan abrumadas por las exigencias de cumplimiento que no analicen y documenten los puntos más destacados. Así pues, las obligaciones de documentación sobre precios de transferencia referentes a un país concreto conforme a lo previsto en el anexo II del capítulo V de las presentes Directrices deben tomar en consideración la importancia mediante umbrales específicos referidos al tamaño y la naturaleza de la economía local, la preeminencia del Grupo Multinacional en dicha economía, y la dimensión y naturaleza de las entidades que operan en el ámbito local, además del tamaño y naturaleza global del Grupo Multinacional. La relevancia puede medirse en términos relativos (p. ej., operaciones que no superen un porcentaje de los ingresos o un porcentaje de los costes) o en términos absolutos (p. ej., operaciones que no superen un determinado importe establecido). Cada país ha de establecer, a la luz de sus circunstancias, criterios propios para determinar la relevancia a efectos del archivo local. Los criterios para determinar la relevancia han de ser objetivos y deben entenderse y aceptarse habitualmente en la práctica comercial. Véanse en el apartado 18 los criterios para determinar la relevancia aplicables al elaborar el archivo maestro.

33. Una serie de países han previsto, en sus normas de documentación sobre precios de transferencia, medidas simplificadoras que eximen a las pequeñas y medianas empresas (pyme) de las obligaciones de documentación sobre precios de transferencia o limitan la información que tales empresas deben aportar. Con objeto de no imponer a los contribuyentes costes y cargas desproporcionados atendidas las circunstancias, se recomienda no exigir a las pymes que aporten el mismo volumen de documentación que se espera de las grandes empresas. No obstante, las pymes han de estar obligadas a proporcionar información y documentos acerca de sus operaciones transfronterizas relevantes, previo requerimiento expreso de la administración tributaria en el marco de una comprobación fiscal o con el fin de evaluar el riesgo de precios de transferencia.

34. A efectos del anexo III del capítulo V de las presentes Directrices, el informe país por país ha de comprender todas las jurisdicciones fiscales en las que una entidad del Grupo Multinacional tenga su residencia fiscal, con independencia del volumen de las actividades económicas desarrolladas en dicha jurisdicción fiscal.

D.4. Conservación de documentos

35. No debe obligarse a los contribuyentes a conservar documentación más allá de un período razonable conforme a lo exigido por la legislación interna, tanto para la sociedad matriz como para la entidad local. Sin embargo, habrá ocasiones en las que los materiales y la información que es preciso consignar en el paquete documental (archivo maestro, archivo local e informe país por país) puedan ser relevantes para la comprobación de los precios de transferencia de un año posterior no prescrito, por ejemplo, cuando los contribuyentes conserven por propia iniciativa los documentos relativos a contratos a

largo plazo, o los que sirven para determinar si se cumplen los criterios de comparabilidad relativos a la aplicación de un método de determinación de precios de transferencia en un ejercicio posterior no prescrito. Las administraciones tributarias deben tener presente la dificultad de localizar documentos de años anteriores y deberían restringir sus requerimientos a los casos en los que existan razones fundadas para revisarlos en relación con la operación objeto de examen.

36. Dado que los intereses últimos de la administración tributaria quedarán satisfechos si los documentos necesarios se presentan en plazo útil a raíz de un requerimiento de la administración tributaria efectuado en el marco de una comprobación, el contribuyente ha de tener la posibilidad de decidir la forma de almacenar esa documentación –en formato papel, electrónico o mediante cualquier otro sistema–, siempre que la información pertinente pueda ser facilitada sin demora a la administración tributaria en el formato previsto en las normas y prácticas del país de que se trate.

D.5. Frecuencia de la actualización de la documentación

37. Se recomienda revisar periódicamente la documentación sobre precios de transferencia con el fin de determinar si los análisis funcional y económico siguen siendo fieles y pertinentes, y confirmar la validez de la metodología de precios de transferencia aplicada. En general, el archivo maestro, el archivo local y el informe país por país deberán ser revisados y actualizados anualmente. Sin embargo, se reconoce que, en muchos casos, la descripción de la empresa, el análisis funcional y la descripción de los comparables es posible que no varíen sustancialmente de un año a otro.

38. A fin de simplificar las cargas de cumplimiento que soportan los contribuyentes, las administraciones tributarias podrán decidir, siempre que se mantengan invariables las condiciones operativas, que las búsquedas en bases de datos de los comparables sobre los que se apoya parte del archivo local se lleven a cabo cada tres años en lugar de con carácter anual. Sin embargo, los datos financieros comparables han de actualizarse cada año con el fin de aplicar con fiabilidad el principio de plena competencia.

D.6. Lengua

39. La necesidad de aportar documentación en el idioma local puede constituir un factor que dificulte el cumplimiento de la normativa sobre precios de transferencia, por cuanto cabe que la traducción de los documentos requiera un tiempo y unos costes sustanciales. La lengua en la que debe presentarse la documentación sobre precios de transferencia ha de ser determinada por la legislación nacional. Se invita a los países a que permitan la presentación de la documentación sobre precios de transferencia en lenguas de uso común cuando ello no ponga en peligro la utilidad de los documentos. Cuando las administraciones tributarias estimen que es necesario traducir un documento, deben solicitarlo expresamente y conceder un plazo suficiente para que la traducción resulte lo menos gravosa posible.

D.7. Sanciones

40. Muchos países han previsto sanciones por infracciones en materia de documentación a fin de asegurar la eficiencia en el cumplimiento de las obligaciones de documentación sobre precios de transferencia. Su objetivo consiste en que el incumplimiento resulte más gravoso que el cumplimiento. Los regímenes sancionadores están regulados por la legislación de cada país. Las prácticas sancionadoras nacionales por infracciones en

materia de documentación sobre precios de transferencia varían ampliamente. Es posible que la divergencia de los regímenes sancionadores nacionales influya en la calidad del cumplimiento con las normas de los contribuyentes, en el sentido de que sus prácticas de cumplimiento normativo podrían favorecer a un país en detrimento de otro.

41. Las sanciones impuestas por infracción de las obligaciones de documentación sobre precios de transferencia o por no presentar en el plazo previsto la información requerida son normalmente sanciones pecuniarias de índole administrativa. Estas sanciones por infracciones documentales se basan en un importe fijo que puede ser calculado por cada documento omitido o por cada ejercicio fiscal objeto de examen, o puede calcularse como un porcentaje de la cantidad omitida en la declaración de impuestos tal como sea determinada de forma definitiva, un porcentaje del correspondiente ajuste del beneficio o un porcentaje del importe de las operaciones transfronterizas no documentadas.

42. Es necesario velar por que no se impongan sanciones por infracciones documentales a un contribuyente por el hecho de no haber presentado datos de los que el Grupo Multinacional no disponía. Sin embargo, la decisión de no imponer una sanción por infracción documental no significa que no puedan practicarse ajustes del beneficio en el caso de que los precios no se atengan al principio de plena competencia. El hecho de que las posiciones del contribuyente estén plenamente documentadas no significa necesariamente que sean correctas. Por otra parte, el hecho de que una entidad local alegue que otros miembros del grupo son responsables del cumplimiento de las normas de precios de transferencia no es razón suficiente para que dicha entidad no aporte la documentación requerida, ni impedirá la imposición de sanciones por infracción de las normas de documentación, en caso de que no se suministre la información necesaria.

43. Otro modo de promover el cumplimiento por los contribuyentes de las obligaciones en materia de documentación sobre precios de transferencia consiste en establecer incentivos para el cumplimiento, tales como la protección frente a sanciones o la inversión de la carga de la prueba. Cuando la documentación cumpla los requisitos y se presente en el plazo estipulado, podría eximirse al contribuyente de sanciones tributarias o reducir su cuantía en caso de que, pese a la aportación de la documentación, se practicara y confirmara un ajuste de precios de transferencia. En aquellos países en los que el contribuyente soporta la carga de la prueba en materia de precios de transferencia, trasladar la carga de la prueba a la administración tributaria en el caso de que se haya aportado una documentación adecuada en los plazos previstos constituye otra medida a la que cabe recurrir con objeto de incentivar el cumplimiento de las obligaciones documentales de los precios de transferencia.

D.8 Confidencialidad

44. Las administraciones tributarias han de adoptar todas las medidas razonables para asegurar que no se produzca una divulgación pública de la información confidencial (secretos comerciales, secretos científicos, etc.) y otra información comercial sensible recogida en el paquete documental (archivo maestro, archivo local e informe país por país). Asimismo las administraciones tributarias deben garantizar a los contribuyentes que la información presentada en la documentación sobre precios de transferencia se mantendrá con carácter confidencial. En los casos en los que la divulgación sea requerida en un procedimiento judicial público o en virtud de una decisión judicial, se tomarán todas las medidas para garantizar que se mantenga la confidencialidad y que la información sólo se revele en la medida necesaria.

45. La Guía de la OCDE titulada "Garantizando la confidencialidad", que versa sobre la protección de la confidencialidad de la información intercambiada con fines fiscales, ofrece

orientaciones acerca de las normas y prácticas que permiten garantizar la confidencialidad de la información fiscal que se intercambie a través de los instrumentos establecidos al efecto.

D.9. Otras cuestiones

46. La exigencia de utilizar la información más fiable obligará normalmente, pero no siempre, a usar comparables locales en lugar de regionales, cuando dichos comparables locales estén razonablemente disponibles. La obligación de recurrir a la información más fiable no quedará satisfecha, en algunos supuestos, en el caso de que en la documentación sobre precios de transferencia elaborada para países de una misma región geográfica se utilicen comparables regionales pese a estar disponibles comparables locales adecuados. Si bien desde el punto de vista de la simplificación, resultan obvias las ventajas de limitar el número de búsquedas de comparables que una empresa haya de realizar, y aunque es preciso tomar en consideración factores relativos a la relevancia y a los costes de cumplimiento, la pretensión de simplificar los procesos de cumplimiento no debe llegar hasta el punto de que quede debilitada la obligación de utilizar la información más fiable disponible. Para más información sobre cuándo procede conceder prioridad a los comparables locales, véanse los párrafos 1.57-1.58 sobre diferencias de mercado y análisis multipaís.

47. No se recomienda, en especial en la fase de evaluación del riesgo de precios de transferencia, exigir que la documentación correspondiente sea certificada por un auditor externo o por un tercero. Del mismo modo, no se recomienda imponer la obligatoriedad de recurrir a entidades de consultoría para elaborar la documentación sobre precios de transferencia.

E. Aplicación

48. Es esencial que las orientaciones de este Capítulo y en particular el nuevo informe país por país sean aplicados de forma eficaz y coherente. En consecuencia, los países participantes en el Proyecto OCDE/G-20 de lucha contra la erosión de la base imponible y el traslado de beneficios (BEPS) han desarrollado las siguientes orientaciones sobre la aplicación de la documentación de precios de transferencia y los informes país por país.

E.1. Archivo maestro y archivo local

49. Se recomienda que, en las normas sobre la documentación de precios de transferencia, los elementos relativos al archivo maestro y al archivo local se introduzcan mediante leyes o procedimientos administrativos nacionales y que el archivo maestro y el archivo local se presenten directamente a las administraciones tributarias de cada una de las jurisdicciones pertinentes, tal como requieran dichas administraciones. Los países participantes en el Proyecto BEPS de la OCDE/G20 acuerdan que, en lo que respecta al archivo local y al archivo maestro, es preciso tener en cuenta la confidencialidad y la aplicación uniforme de las normas contenidas en el Anexo I y el Anexo II del Capítulo V de las presentes Directrices al introducir esos elementos en la legislación nacional o los procedimientos administrativos del país.

E.2. Informe país por país

E.2.1. Plazos: ¿Cuándo debe comenzar la obligación de presentar informes país por país?

50. Se recomienda exigir a las empresas multinacionales la presentación de los primeros informes país por país en los ejercicios fiscales que comiencen a partir del 1 de enero de 2016. No obstante, se reconoce que algunas jurisdicciones pueden necesitar tiempo para seguir su particular proceso legislativo nacional con objeto de poder hacer los ajustes necesarios a la ley. Con objeto de ayudar a los países a elaborar la legislación sin demoras, se ha articulado una ley modelo que exige a las sociedades matrices últimas de los grupos multinacionales presentar el informe país por país en la jurisdicción en que residen (véase el Anexo IV del Capítulo V de las presentes Directrices). Las jurisdicciones podrán adaptar esta ley modelo a sus propios sistemas jurídicos. Según la recomendación contenida en el apartado 31 de que se conceda a las empresas multinacionales un plazo de un año a partir del cierre del ejercicio fiscal al que se refiere el informe país por país para preparar y presentar dicho informe, los primeros informes país por país se presentarían el 31 de diciembre de 2017. En el caso de las empresas multinacionales cuyo ejercicio fiscal no termine el 31 de diciembre, los primeros informes país por país deberían presentarse a más tardar en 2018, doce meses después del cierre del ejercicio fiscal pertinente, y tendrían por objeto el ejercicio fiscal de la empresa multinacional que comience tras el 1 de enero de 2016. Según esta recomendación, los países participantes en el Proyecto BEPS de la OCDE/G20 acuerdan no exigir la presentación de un informe país por país basado en el nuevo modelo para los ejercicios fiscales de las empresas multinacionales que comiencen antes del 1 de enero de 2016. El ejercicio fiscal de una empresa multinacional es el período de la información consolidada a efectos de formular los estados financieros, y no los ejercicios imponibles o los períodos de información financiera de filiales concretas.

E.2.2. ¿Qué grupos multinacionales deberán presentar el informe país por país?

51. Se recomienda exigir a todos los grupos multinacionales la presentación anual del informe país por país, con las siguientes salvedades.

52. Estarán exentos de la obligación general de presentación los grupos multinacionales que hayan obtenido, en el ejercicio fiscal inmediatamente anterior, unos ingresos consolidados anuales inferiores a 750 millones de EUR o su contravalor aproximado en la moneda nacional en enero de 2015. Así, por ejemplo, si una empresa multinacional que formula sus cuentas financieras siguiendo el año natural obtiene unos ingresos consolidados del grupo, en el año natural de 2015, de 625 millones de EUR, no estaría obligada a presentar el informe país por país en ningún país en relación con su ejercicio fiscal que termina el 31 de diciembre de 2016.

53. Se estima que la exención descrita en el apartado 52, que prevé un umbral de 750 millones de EUR, excluirá aproximadamente a entre el 85% y el 90% de los grupos multinacionales de la obligación de presentar el informe país por país, si bien dicho informe país por país será presentado por los grupos multinacionales que controlen en torno a un 90% de los ingresos empresariales. Por lo tanto, mediante el umbral de exención previsto se alcanza un equilibrio adecuado entre la carga que supone la presentación de informes y las ventajas que obtiene las administraciones tributarias.

54. Los países participantes en el Proyecto BEPS de la OCDE/G20 tienen intención de reconsiderar la pertinencia del umbral de ingresos descrito en el apartado precedente

en el marco de la revisión que realizarán en 2020 sobre la aplicación de la nueva norma, examinando en particular si deben aportarse datos adicionales o diferentes.

55. Se considera que no deben adoptarse exenciones a la obligación de presentar el informe país por país, salvo las se exponen en esta sección. En particular, no deben establecerse exenciones sectoriales especiales, exenciones generales para fondos de inversión ni exenciones para compañías no cotizadas o entidades sin forma de sociedad mercantil. No obstante esta conclusión, los países participantes en el Proyecto BEPS de la OCDE/G20 acuerdan que los grupos multinacionales que perciban ingresos derivados del transporte internacional o del transporte por aguas interiores, regulados por disposiciones de tratados aplicables específicamente a tales ingresos y en virtud de los cuales la potestad tributaria sobre dichos ingresos corresponda exclusivamente a una jurisdicción, deberán proporcionar la información sobre dichos ingresos que exige el modelo país por país consignándola únicamente a continuación del nombre de la jurisdicción a la que las disposiciones del tratado pertinentes atribuyen potestad tributaria.

E.2.3. Condiciones necesarias para obtener y usar el informe país por país

56. Los países participantes en el Proyecto BEPS de la OCDE/G20 acuerdan las siguientes condiciones para obtener y usar el informe país por país.

Confidencialidad

57. Las jurisdicciones deberán establecer y aplicar una protección jurídica de la confidencialidad de la información facilitada. Mediante dicha protección se preservará la confidencialidad del informe país por país al menos en la misma medida que si la información fuera proporcionada al país con arreglo al Convenio multilateral de Asistencia Administrativa Mutua en Materia Fiscal, un acuerdo de intercambio de información tributaria (AIIT) o conforme a un convenio fiscal que cumpla la norma acordada internacionalmente sobre información previa petición, revisada por el Foro Global sobre la Transparencia y el Intercambio de Información con Fines Fiscales. Dicha protección contemplará la limitación del uso de la información, normas sobre las personas a las que puede comunicarse tal información, orden público, etc.

Coherencia

58. Las jurisdicciones deberán hacer cuanto esté a su alcance para establecer la obligación legal de que las sociedades matrices últimas de los grupos multinacionales residentes en su territorio preparen y presenten el informe país por país, salvo que estén exentas conforme a lo dispuesto en el apartado 52. Las jurisdicciones deberán utilizar la plantilla modelo estándar contenida en el Anexo III del Capítulo V de las presentes Directrices. En otras palabras, según esta condición las jurisdicciones no exigirán que el informe país por país recoja información adicional o no contenida en el Anexo III, y deberán requerir la presentación de la información establecida en el Anexo III.

Uso adecuado

59. Las jurisdicciones deberán usar adecuadamente la información que consta en la plantilla modelo del informe país por país, de conformidad con el apartado 25. En particular, las jurisdicciones se comprometerán a utilizar el informe país por país para evaluar con carácter global el riesgo de precios de transferencia. Las jurisdicciones podrán utilizar también el informe país por país para evaluar otros riesgos relacionados con el fenómeno

BEPS. Las jurisdicciones no deberán proponer ajustes en los ingresos de un contribuyente aplicando una fórmula de reparto de ingresos basada en los datos del informe país por país. Se comprometerán asimismo a que si tales ajustes basados en los datos del informe país por país son practicados por la administración tributaria local de la jurisdicción, se reconocerá de inmediato el ajuste en cualquier procedimiento de las autoridades competentes. Sin embargo, ello no implica que las jurisdicciones no puedan basarse en los datos del informe país por país para realizar nuevas indagaciones, en el marco de una inspección fiscal, sobre los sistemas de precios de transferencia o sobre otros asuntos tributarios.

E.2.4. Marco de mecanismos intergubernamentales de intercambio de informes país por país e instrumento de ejecución

E.2.4.1. Marco

60. Las jurisdicciones deberán exigir en tiempo útil el informe país por país a las sociedades matrices últimas de los grupos multinacionales residentes en su país y que se mencionan en la Sección E.2.2, intercambiando automáticamente esa información con las jurisdicciones en las que opera el Grupo Multinacional y que cumplan las condiciones enumeradas en la Sección E.2.3. En caso de que una jurisdicción no proporcione información a otra jurisdicción que cumpla las condiciones enumeradas en la Sección E.2.3, porque (a) no ha exigido el informe país por país a la sociedad matriz última de los grupos multinacionales, (b) no ha celebrado oportunamente un acuerdo entre autoridades competentes con arreglo a los convenios internacionales vigentes en esa jurisdicción para el intercambio de informes país por país o (c) se ha acreditado que, en la práctica, no existe intercambio de información con una jurisdicción, pese a que ésta se comprometió a ello, se considerará que es adecuado un mecanismo secundario, consistente en la presentación local o la presentación de los informes país por país por un miembro designado del Grupo Multinacional que actúe en representación de la sociedad matriz última y el intercambio automático de tales informes por su país de residencia fiscal.

E.2.4.2. Instrumento de ejecución

61. Los países participantes en el Proyecto BEPS de la OCDE/G20 han elaborado, por tanto, un instrumento de ejecución del intercambio intergubernamental de informes país por país, según se prevé en el Anexo IV del Capítulo V de las presentes Directrices.

En concreto:

- Se ha articulado una ley modelo que exige a la sociedad matriz última de un Grupo Multinacional presentar el informe país por país en su jurisdicción de residencia. Las jurisdicciones podrán adaptar esta ley modelo a sus propios sistemas jurídicos, cuando sea necesario modificar su legislación en vigor. Asimismo, se han desarrollado los elementos fundamentales de los mecanismos secundarios.
- Se han desarrollado sistemas de ejecución del intercambio automático de informes país por país conforme a los acuerdos internacionales, que comprenden las condiciones expuestas en la Sección E.2.3. Dichos sistemas de ejecución incluyen acuerdos entre autoridades competentes ("AAC") basados en los convenios internacionales vigentes (Convenio de Asistencia Administrativa Mutua en Materia Fiscal, convenios fiscales bilaterales y acuerdos de intercambio de información tributaria), inspirándose en los modelos existentes formulados por la OCDE en colaboración con los países del G20 para el intercambio automático de información financiera.

62. Las jurisdicciones participantes deberán esforzarse por introducir, en la medida en que sea necesario, la normativa interna dentro del marco temporal establecido en este informe. Asimismo, se les invita a ampliar el alcance de sus acuerdos de intercambio de información a nivel internacional. La ejecución del instrumento será objeto de un seguimiento continuo. Los resultados de los procedimientos de supervisión y control se tendrán en cuenta en la revisión que tendrá lugar en 2020.

Nota

1. Podrá recurrirse al procedimiento amistoso cuando el intercambio intergubernamental de los informes país por país se base en convenios bilaterales. Cuando los acuerdos internacionales en virtud de los cuales se realicen los intercambios intergubernamentales de los informes país por país no prevean el acceso al procedimiento amistoso, los países se comprometen a introducir en el acuerdo entre autoridades competentes que se celebre un mecanismo de consulta entre autoridades competentes con el fin de resolver los casos que supongan resultados económicos no deseados, incluso si tales casos afectan a empresas particulares.

Bibliografía

OCDE (2014), *Standard for Automatic Exchange of Financial Account Information in Tax Matters*, Publicaciones de la OCDE, http://dx.doi.org/10.1787/9789264216525-en.

OCDE (2013), Plan de acción contra la erosión de la base imponible y el traslado de beneficios, Publicaciones de la OCDE, http://dx.doi.org/10.1787/9789264202719-en.

OCDE (2012), Garantizando la confidencialidad: Guía de la OCDE sobre la protección de la información objeto de intercambio con fines fiscales, Publicaciones de la OCDE, www.oecd.org/ctp/exchange-of-tax-information/keeping-it-safe-report.pdf.

OCDE (2010), Directrices de la OCDE aplicables en materia de precios de transferencia a empresas multinacionales y administraciones tributarias de 2010, Publicaciones de la OCDE, París, http://dx.doi.org/10.1787/tpg-2010-en.

Anexo I del Capítulo V

Documentación de precios de transferencia – Archivo maestro

En el archivo maestro debe consignarse la siguiente información:

Estructura organizativa

- Organigrama que ilustre la estructura jurídica y la propiedad del capital de la EMN, así como la localización geográfica de las entidades operativas.

Descripción del negocio o negocios de la EMN

- Descripción general por escrito del negocio de la EMN, indicando:
  - Principales factores impulsores de los beneficios empresariales;
  - Una descripción de la cadena de suministro de los cinco principales productos y/o servicios del grupo en términos de facturación, así como cualesquiera otros productos o servicios que representen más del 5% de la cifra de negocios del grupo. La descripción requerida podrá presentarse en forma de gráfico o diagrama;
  - Una lista y breve descripción de los acuerdos significativos de prestación de servicios entre miembros del Grupo Multinacional, distintos de los servicios de investigación y desarrollo (I+D), en particular una descripción de las capacidades de los principales centros que presten servicios significativos y de las políticas sobre precios de transferencia utilizadas para repartir los costes de los servicios y determinar los precios a pagar por los servicios intragrupo;
  - Una descripción de los principales mercados geográficos de los productos y servicios del grupo que se mencionan en el segundo punto precedente;
  - Un breve análisis funcional por escrito en el que se expongan las principales contribuciones a la creación de valor por cada una de las entidades del grupo, es decir, las funciones desempeñadas, los riesgos sustanciales asumidos y los activos significativos utilizados;
  - Una descripción de las principales operaciones de reestructuración empresarial, adquisiciones y desinversiones que hayan tenido lugar durante el ejercicio fiscal.

Intangibles de la EMN (tal como se definen en el capítulo VI de estas Directrices)

- Una descripción general de la estrategia global de la EMN en lo que respecta al desarrollo, propiedad y explotación de intangibles, incluyendo la localización de los principales centros de I+D y la ubicación de la dirección de I+D.
- Una lista de los intangibles o conjuntos de intangibles del Grupo Multinacional que sean significativos a efectos de precios de transferencia y de las entidades que sean sus propietarios legales.
- Un listado de los acuerdos significativos sobre intangibles celebrados entre empresas asociadas concretas, en particular los acuerdos de reparto de costes, los acuerdos de servicios de investigación principal y los acuerdos sobre licencias.
- Una descripción general de las políticas del grupo sobre precios de transferencia en relación con I+D e intangibles.
- Una descripción general de cualesquiera transmisiones relevantes de derechos sobre intangibles efectuadas entre empresas asociadas durante el ejercicio fiscal de que se trate, con indicación de las entidades, países y retribuciones correspondientes.

Actividades financieras intragrupo de la EMN

- Una descripción general del modo en que se financia el grupo, en particular los acuerdos significativos de financiación con entidades prestamistas no asociadas.
- La identificación de los miembros del Grupo Multinacional que desempeñen una función de financiación centralizada, con indicación del país de constitución y la sede de la dirección efectiva de dichas entidades.
- Una descripción general de las políticas de la EMN sobre precios de transferencia en lo que respecta a los acuerdos de financiación entre empresas asociadas.

Posiciones financieras y fiscales de la EMN

- Los estados financieros anuales consolidados de la EMN correspondientes al ejercicio fiscal de que se trate, si hubieran sido formulados por otras razones, sea a efectos de información financiera, regulatorios, de gestión interna, tributarios u otros fines.
- Una lista y una breve descripción de los acuerdos previos de valoración de precios de transferencia (APV) unilaterales del Grupo Multinacional y otros acuerdos previos entre la Administración y el contribuyente relativos a la asignación de beneficios entre países.

Anexo II del Capítulo V

Documentación de precios de transferencia – Archivo local

En el archivo local debe consignarse la siguiente información:

Entidad local

- Una descripción de la estructura de gestión de la entidad local, un gráfico de la organización local y una indicación de las personas de las que depende jerárquicamente la dirección local y los países en que dichas personas tienen sus oficinas principales.
- Una descripción detallada de las actividades y estrategia de negocio de la entidad local, indicando si la entidad local ha participado o se ha visto afectada por reestructuraciones empresariales o transmisiones de intangibles en el año en curso o en el inmediatamente anterior, así como una explicación de los aspectos de tales operaciones que afectan a la entidad local.
- Principales competidores.

Operaciones vinculadas

Para cada categoría significativa de operaciones vinculadas en las que participe la entidad, facilitar la siguiente información:

- Una descripción de las operaciones vinculadas fundamentales (p. ej. adquisición de servicios de fabricación, compras de bienes, prestación de servicios, préstamos, garantías financieras y de ejecución, licencias de activos intangibles, etc.) y el contexto en el que dichas operaciones tienen lugar.
- El importe de los pagos y cobros intragrupo por cada categoría de operaciones vinculadas que afecten a la entidad local (es decir, pagos y cobros por productos, servicios, cánones o regalías, intereses, etc.), desglosados por la jurisdicción fiscal del pagador o beneficiario extranjero.
- Una identificación de las empresas asociadas participantes en cada categoría de operaciones vinculadas y la relación existente entre ellas.
- Copias de todos los contratos intragrupo significativos celebrados por la entidad local.
- Un análisis detallado funcional y de comparabilidad sobre el contribuyente y las empresas asociadas pertinentes para cada categoría documentada de operaciones vinculadas, incluyendo los cambios habidos con respecto a años anteriores.[1]

- Una indicación del método de precios de transferencia más adecuado para la categoría de operación y las razones de seleccionar dicho método.
- Indicación de la empresa asociada seleccionada como parte analizada, si procede, y una explicación de los motivos de dicha elección.
- Un resumen de las hipótesis sustanciales adoptadas para aplicar la metodología de precios de transferencia.
- Si procede, una explicación de los motivos de realizar un análisis plurianual.
- Una lista y descripción de una selección de operaciones no vinculadas comparables (internas o externas), en su caso, e información sobre los indicadores financieros de empresas independientes que hayan servido de base al análisis de precios de transferencia, así como una descripción de la metodología para la búsqueda de comparables y la fuente de la que procede dicha información.
- Una descripción de cualesquiera ajustes de comparabilidad efectuados, indicando si tales ajustes se han practicado sobre los resultados de la parte analizada, sobre las operaciones no vinculadas comparables o sobre ambos elementos.
- Una exposición de las razones por las que se concluye que el precio de las operaciones en cuestión se atiene al principio de plena competencia conforme al método de precios de transferencia elegido.
- Un resumen de la información financiera utilizada para aplicar la metodología de precios de transferencia.
- Una copia de los APV existentes unilaterales y multilaterales, así como de otros acuerdos previos entre la Administración y el contribuyente en los que la jurisdicción fiscal local no sea parte y que se refieran a las operaciones vinculadas antes descritas.

Información financiera

- Estados financieros anuales de la entidad local correspondientes al ejercicio fiscal de que se trate. Si existen estados financieros auditados, deberán presentarse y, en caso contrario, deberán aportarse los actuales estados financieros sin auditar.
- Apéndices informativos y de asignaciones que muestren la forma en que los datos financieros utilizados para aplicar el método de precios de transferencia están relacionados con los estados financieros anuales.
- Apéndices resumen con los datos financieros relevantes de los comparables utilizados en el análisis y las fuentes de las que proceden esos datos.

Nota

1. En la medida en que este análisis funcional reproduzca información contenida en el archivo maestro, bastará remitirse al archivo maestro.

Anexo III del Capítulo V

Documentación de precios de transferencia – Informe país por país

A. Plantilla modelo del informe país por país

Tabla 1. **Visión general del reparto de beneficios, impuestos y actividades económicas por jurisdicción fiscal**

Nombre del Grupo Multinacional: Ejercicio fiscal correspondiente: Moneda utilizada:										
Jurisdicción fiscal	Ingresos			Beneficios/ (pérdidas) antes del impuesto sobre sociedades	Impuesto sobre sociedades pagado (criterio de caja)	Impuesto sobre sociedades devengado – Año en curso	Capital declarado	Resultados no distribuidos	Número de trabajadores	Activos tangibles distintos de tesorería e instrumentos equivalentes a tesorería
	Entidad no vinculada	Entidad vinculada	Total							

Tabla 2. **Lista de todas las Entidades Integrantes del Grupo Multinacional incluidas en cada agregación por jurisdicción fiscal**

Nombre del Grupo Multinacional:
Ejercicio fiscal correspondiente:

Jurisdicción fiscal	Entidades Integrantes residentes en la jurisdicción fiscal	Jurisdicción fiscal de constitución u organización, si es distinta de la jurisdicción fiscal de residencia	*Principal(es) actividad(es) económica(s)*												
			Investigación y desarrollo	Titularidad o gestión de propiedad intelectual	Compras o suministros	Fabricación o producción	Ventas, comercialización o distribución	Servicios de administración, gestión o apoyo	Prestación de servicios a entidades no vinculadas	Finanzas internas del Grupo	Servicios financieros regulados	Seguros	Titularidad de acciones u otros instrumentos representativos de capital	Sin actividad	Otra[1]
	1.														
	2.														
	3.														
	1.														
	2.														
	3.														

1. Indíquese la naturaleza de la actividad de la Entidad Integrante en la sección de "Información adicional".

Tabla 3. **Información adicional**

Nombre del Grupo Multinacional: Ejercicio fiscal correspondiente:
Incluir de manera sucinta la información o explicaciones adicionales que se consideren necesarias o que faciliten la comprensión de la información preceptivamente consignada en el informe país por país.

B. Plantilla modelo del informe país por país – Instrucciones generales

Finalidad

El presente anexo III del capítulo V de las presentes Directrices recoge un modelo para que la empresa multinacional (EMN) declare cómo se reparten en el grupo los beneficios, los impuestos y las actividades económicas por jurisdicción fiscal. Estas instrucciones forman parte integrante de la plantilla modelo del informe país por país.

Definiciones

EMN Informante

La EMN Informante es la matriz última de un Grupo Multinacional.

Entidad Integrante

A efectos de cumplimentar el Anexo III, por Entidad Integrante del Grupo Multinacional se entenderá (i) una unidad de negocio independiente perteneciente al Grupo Multinacional que esté incluida en los estados financieros consolidados del Grupo Multinacional a efectos de presentación de información financiera, o que estaría incluida si las participaciones en el capital de dicha unidad de negocio del Grupo Multinacional se negociaran en un mercado de valores; (ii) una unidad de negocio excluida de los estados financieros consolidados del Grupo Multinacional únicamente por motivos de tamaño o relevancia; y (iii) un establecimiento permanente de una unidad de negocio independiente del Grupo Multinacional que esté contemplada en los incisos (i) o (ii) anteriores, siempre que esa unidad de negocio formule, para dicho establecimiento permanente, estados financieros separados a efectos de presentación de información financiera, regulatorios, fiscales o de control interno de la gestión.

Tratamiento de sucursales y establecimientos permanentes

Los datos del establecimiento permanente han de facilitarse en relación con la jurisdicción fiscal en la que se encuentre, y no en relación con la jurisdicción fiscal de residencia de la unidad de negocio de la que forme parte dicho establecimiento permanente. La información de la jurisdicción fiscal de residencia correspondiente a la unidad de negocio de la que forme parte el establecimiento permanente debe excluir los datos financieros relativos al establecimiento permanente.

Estados financieros consolidados

Los estados financieros consolidados son los estados financieros de un Grupo Multinacional, en los que se presentan los activos, pasivos, ingresos, gastos y flujos de caja de la sociedad matriz última y de las Entidades Integrantes como si fueran los de una entidad económica única.

Período objeto de la plantilla modelo anual

La plantilla modelo debe cubrir el ejercicio fiscal de la EMN Informante. En el caso de las Entidades Integrantes, a discreción de la EMN Informante, la plantilla modelo ha de reflejar de forma coherente (i) la información correspondiente al ejercicio fiscal de las Entidades Integrantes que finalice en la misma fecha que el ejercicio fiscal de la EMN Informante, o que termine en los 12 meses anteriores a dicha fecha, o (ii) la información de todas las Entidades Integrantes pertinentes facilitada durante el ejercicio fiscal de la EMN Informante.

Fuente de los datos

Para cumplimentar la plantilla modelo, la EMN Informante debe utilizar de forma coherente las mismas fuentes de datos en todos los años. La EMN Informante podrá elegir entre utilizar los datos procedentes de los documentos de información consolidada, de los estados financieros preceptivos separados correspondientes a cada una de las entidades, de los estados financieros obligatorios a efectos regulatorios o de las cuentas internas de gestión. No es necesario conciliar la información sobre ingresos, beneficios e impuestos de la plantilla modelo con los estados financieros consolidados. Si se utilizan los estados financieros como base para la presentación de información, todos los importes deben convertirse a la moneda operativa de la EMN Informante, al tipo de cambio medio correspondiente al año indicado en la sección de la plantilla modelo que lleva por título “Información adicional”. Sin embargo, no es necesario practicar ajustes por las diferencias entre los principios de contabilidad aplicados en distintas jurisdicciones fiscales.

En la sección “Información adicional”, la EMN Informante ha de ofrecer una breve descripción de las fuentes de datos utilizadas para cumplimentar la plantilla modelo. Si se cambia la fuente de los datos de un año a otro, la EMN Informante deberá explicar, en la sección “Información adicional” de la plantilla modelo, los motivos del cambio y sus consecuencias.

C. Plantilla modelo del informe país por país – Instrucciones específicas

Visión general del reparto de beneficios, impuestos y actividades económicas por jurisdicción fiscal (Tabla 1)

Jurisdicción fiscal

En la primera columna de la plantilla modelo, la EMN Informante debe enumerar todas las jurisdicciones fiscales en las que residen las Entidades Integrantes del Grupo Multinacional a efectos fiscales. Una jurisdicción fiscal es un Estado o una jurisdicción no estatal que goza de autonomía fiscal. Es preciso incluir en un epígrafe separado todas las Entidades Integrantes del Grupo Multinacional que la EMN Informante considere que no son residentes en ninguna jurisdicción fiscal a efectos tributarios. Cuando una Entidad Integrante sea residente en más de una jurisdicción fiscal, se aplicará el criterio de determinación de la residencia previsto en el convenio tributario pertinente. En caso de que no exista ningún convenio aplicable, la información sobre la Entidad Integrante deberá presentarse en la jurisdicción fiscal de su sede de dirección efectiva. La sede de dirección efectiva tiene que determinarse conforme a lo dispuesto en el artículo 4 del Modelo de Convenio Tributario de la OCDE sobre la Renta y el Patrimonio, y sus Comentarios.

Ingresos

En las tres columnas de la plantilla que figuran bajo el epígrafe de Ingresos, la EMN Informante ha de consignar los datos siguientes: (i) la suma de los ingresos de todas las Entidades Integrantes del Grupo Multinacional en la correspondiente jurisdicción fiscal, procedentes de operaciones con empresas asociadas; (ii) la suma de los ingresos de todas las Entidades Integrantes del Grupo Multinacional en la correspondiente jurisdicción fiscal, procedentes de operaciones con partes independientes; y (iii) el total de los puntos (i) y (ii). En los ingresos hay que incluir los procedentes de las ventas de existencias y activos, servicios, cánones o regalías, intereses, primas y cualesquiera otros importes. Los ingresos no deben incluir los pagos recibidos de otras Entidades Integrantes que sean considerados dividendos en la jurisdicción fiscal del pagador.

Beneficios/(pérdidas) antes del impuesto sobre sociedades

En la quinta columna de la plantilla modelo, la EMN Informante ha de consignar la suma de los beneficios/(pérdidas) antes del impuesto sobre sociedades correspondientes a todas las Entidades Integrantes residentes a efectos tributarios en la jurisdicción fiscal pertinente. Los beneficios/(pérdidas) antes del impuesto sobre sociedades comprenderán todos los ingresos y gastos extraordinarios.

Impuesto sobre sociedades pagado (criterio de caja)

En la sexta columna de la plantilla modelo, la EMN Informante debe indicar el importe total del impuesto sobre sociedades efectivamente abonado durante el ejercicio fiscal de que se trate por todas las Entidades Integrantes residentes a efectos tributarios en la jurisdicción fiscal pertinente. Los impuestos pagados deben incluir los que la Entidad Integrante haya ingresado en efectivo en su jurisdicción fiscal de residencia y en cualesquiera otras jurisdicciones fiscales. Entre los impuestos pagados se deben hacer constar las retenciones fiscales ingresadas por otras entidades (empresas asociadas y empresas independientes) por los pagos efectuados a la Entidad Integrante. Así pues, si la compañía A residente en la jurisdicción fiscal A percibe intereses en la jurisdicción fiscal B, la compañía A ha de declarar las retenciones fiscales practicadas en la jurisdicción fiscal B.

Impuesto sobre sociedades devengado (año en curso)

En la séptima columna de la plantilla modelo, la EMN Informante ha de indicar la suma de los gastos fiscales corrientes devengados que se recogen en las pérdidas o beneficios imponibles del año pertinente para todas las Entidades Integrantes que residan a efectos tributarios en la jurisdicción fiscal de que se trate. Los gastos fiscales corrientes sólo reflejarán las actividades del año en curso, excluyendo los impuestos diferidos o las provisiones para pasivos fiscales inciertos.

Capital declarado

En la octava columna de la plantilla modelo, la EMN Informante ha de indicar la suma del capital declarado de todas las Entidades Integrantes residentes a efectos tributarios en la jurisdicción fiscal pertinente. En lo que respecta a los establecimientos permanentes, el capital declarado debe ser comunicado por la entidad jurídica a la que pertenezca el establecimiento permanente, a menos que en la jurisdicción fiscal de dicho establecimiento exista un requerimiento de capital determinado a efectos regulatorios.

Resultados no distribuidos

En la novena columna de la plantilla modelo, la EMN Informante ha de indicar la suma de los resultados totales no distribuidos de todas las Entidades Integrantes residentes a efectos tributarios en la jurisdicción fiscal pertinente a final de año. En lo que respecta a los establecimientos permanentes, los resultados no distribuidos han de ser declarados por la entidad jurídica a la que pertenezca el establecimiento permanente.

Número de trabajadores

En la décima columna de la plantilla modelo, la EMN Informante debe hacer constar el número total de empleados equivalentes a tiempo completo (FTE, por sus siglas en inglés) de todas las Entidades Integrantes residentes a efectos tributarios en la jurisdicción fiscal correspondiente. Puede declararse el número de trabajadores a final de año, en función de los niveles medios de empleo de ese año o tomando otra referencia que se aplique de forma uniforme en las jurisdicciones fiscales en todos los años. A estos efectos, los contratistas independientes que participen en las actividades operativas ordinarias de la Entidad Integrante se podrán declarar como trabajadores. Se admite una aproximación o redondeo razonable del número de empleados, siempre que no distorsione sustancialmente la distribución relativa de los trabajadores entre las diversas jurisdicciones fiscales. Han de aplicarse unos enfoques uniformes en los distintos años para todas las entidades.

Activos tangibles distintos de tesorería e instrumentos equivalentes a tesorería

En la undécima columna de la plantilla modelo, la EMN Informante ha de consignar la suma de los valores contables netos de los activos tangibles de todas las Entidades Integrantes residentes a efectos tributarios en la jurisdicción fiscal pertinente. En lo que respecta a los establecimientos permanentes, deben indicarse los activos con respecto a la jurisdicción fiscal en la que está situado el establecimiento permanente. A estos efectos, los activos tangibles no comprenden la tesorería, los instrumentos equivalentes a tesorería ni los activos financieros.

Lista de todas las Entidades Integrantes del Grupo Multinacional incluidas en cada agregación por jurisdicción fiscal (Tabla 2)

Entidades Integrantes residentes en la jurisdicción fiscal

La EMN Informante deberá enumerar, de forma desglosada por jurisdicciones fiscales y por denominaciones sociales, todas las Entidades Integrantes del Grupo Multinacional residentes a efectos tributarios en la jurisdicción fiscal correspondiente. Como se ha señalado antes, sin embargo, los establecimientos permanentes han de enumerarse en relación con la jurisdicción fiscal en la que están situados. Deberá indicarse la entidad jurídica a la que pertenece el establecimiento permanente (p. ej., XYZ Corp – Establecimiento Permanente de la jurisdicción fiscal A).

Jurisdicción fiscal de constitución u organización, si es distinta de la jurisdicción fiscal de residencia

La EMN Informante deberá señalar el nombre de la jurisdicción fiscal conforme a cuyas leyes está constituida u organizada la Entidad Integrante de la EMN, si es distinta de la jurisdicción fiscal de residencia.

Principal(es) actividad(es) económica(s)

La EMN Informante deberá determinar la índole de las principales actividades económicas ejercidas por la Entidad Integrante en la jurisdicción fiscal pertinente, marcando la casilla o casillas procedentes.

Actividades económicas
Investigación y desarrollo
Titularidad o gestión de propiedad intelectual
Compras o suministros
Fabricación o producción
Ventas, comercialización o distribución
Servicios de administración, gestión o apoyo
Prestación de servicios a entidades no vinculadas
Finanzas internas del grupo
Servicios financieros regulados
Seguros
Titularidad de acciones u otros instrumentos representativos de capital
Sin actividad
Otra[1]

1. Indíquese la naturaleza de la actividad de la Entidad Integrante en la sección de "Información adicional".

Anexo IV del Capítulo V

Instrumento de ejecución del informe país por país

Introducción

Con objeto de facilitar una aplicación uniforme y rápida del informe país por país que se prevé en la Acción 13 del Plan de acción contra la erosión de la base imponible y el traslado de beneficios (BEPS), los países participantes en el Proyecto BEPS de la OCDE/G20 han acordado un instrumento de ejecución del informe país por país. Ese instrumento de ejecución consta de (i) una ley modelo que puede ser utilizada por los países para exigir a la sociedad matriz última de un Grupo Multinacional que presente el informe país por país en su jurisdicción de residencia, incluyendo obligaciones de presentación de respaldo y (ii) tres modelos de acuerdos entre autoridades competentes que se utilizarán para facilitar la ejecución del intercambio de informes país por país, basándose respectivamente en: (1) el Convenio de Asistencia Administrativa Mutua en Materia Fiscal, (2) convenios fiscales bilaterales y (3) acuerdos de intercambio de información tributaria (AIIT). Se hace constar que los países en desarrollo pueden necesitar apoyo para la ejecución efectiva del informe país por país.

Ley modelo

La ley modelo contenida en el instrumento de ejecución del informe país por país no toma en consideración el Derecho constitucional, el sistema jurídico o la estructura y formulación de la legislación tributaria de ninguna jurisdicción en concreto. Las jurisdicciones podrán adaptar esta ley modelo a sus propios sistemas jurídicos, cuando sea necesario modificar su legislación en vigor.

Acuerdos entre autoridades competentes

El artículo 6 del Convenio de Asistencia Administrativa Mutua en Materia Fiscal (el "Convenio") exige a las autoridades competentes de las partes del Convenio alcanzar un acuerdo sobre el intercambio automático de información y el procedimiento a seguir. En el marco de la Norma Común de Presentación de Información, esta obligación ha quedado reflejada en un Acuerdo Multilateral entre Autoridades Competentes, que define el ámbito, plazos, procedimientos y salvaguardias aplicables al intercambio automático.

Dado que se ha demostrado que la ejecución del intercambio automático de información, conforme a la Norma Común de Presentación de Información, mediante un Acuerdo Multilateral entre Autoridades Competentes resulta eficiente tanto en tiempo como en recursos, podría aplicarse este mismo método a fin de establecer el intercambio automático de los datos de los informes país por país. Por consiguiente, el Acuerdo multilateral entre autoridades competentes sobre el intercambio de informes país por país ha sido formulado sobre la base del Convenio e inspirándose en el Acuerdo Multilateral entre Autoridades Competentes celebrado en el marco de la ejecución de la Norma Común de Presentación de Información. Además, se han elaborado otros dos modelos de acuerdos entre autoridades competentes para el intercambio de informes país por país, uno para el intercambio de información con arreglo a los convenios de doble imposición y uno para los intercambios conforme a los acuerdos de intercambio de información tributaria.

De conformidad con el apartado 5 del Capítulo V de las presentes Directrices, uno de los tres objetivos de la documentación de precios de transferencia consiste en proporcionar a las administraciones tributarias la información necesaria para llevar a cabo una evaluación informada del riesgo de precios de transferencia, mientras que el apartado 10 del Capítulo V de las presentes Directrices señala que la identificación y evaluación efectivas del riesgo constituyen una fase esencial del proceso encaminado a seleccionar los casos en los que procede realizar inspecciones sobre precios de transferencia. Los informes país por país intercambiados en virtud de los modelos de acuerdos entre autoridades competentes contenidos en el presente instrumento de ejecución del informe país por país constituyen uno de los tres niveles de la documentación de precios de transferencia y, conforme a los apartados 16, 17 y 25 del Capítulo V de las presentes Directrices, proporcionarán a las administraciones tributarias información fiable y pertinente para efectuar un análisis sólido y eficaz sobre la evaluación del riesgo de precios de transferencia. En este entorno, los modelos de acuerdos entre autoridades competentes persiguen ofrecer un marco para facilitar la información contenida en los informes país por país a las autoridades tributarias, información que previsiblemente será pertinente para la aplicación y ejecución de su legislación fiscal a través del intercambio automático de información.

El Acuerdo multilateral entre autoridades competentes sobre el intercambio de informes país por país tiene por objetivo establecer las normas y procedimientos necesarios para que las Autoridades Competentes de las jurisdicciones que adopten la Acción 13 del Plan BEPS intercambien automáticamente los informes país por país elaborados por la Entidad Informante de un Grupo Multinacional y presentados anualmente a las autoridades tributarias de la jurisdicción de residencia fiscal de dicha entidad con las autoridades tributarias de todas las jurisdicciones en que el Grupo Multinacional opera.

El texto es sustancialmente idéntico, en la mayoría de las disposiciones, al del Acuerdo Multilateral entre Autoridades Competentes por el que se regulan los intercambios conforme a la Norma Común de Presentación de Información. Se han introducido en el texto los cambios y adiciones necesarios para seguir las directrices sobre los informes país por país que se establecen en el capítulo V de las presentes Directrices.

El siguiente paso consiste en desarrollar un esquema XML y la correspondiente guía de usuario de cara a poder articular el intercambio electrónico de dichos informes.

Ley modelo sobre el informe país por país

Artículo 1
Definiciones

A efectos de la presente [título de la ley], las expresiones siguientes tendrán los significados que se indican a continuación:

1. Por "Grupo" se entenderá un conjunto de empresas vinculadas por relaciones de propiedad o control, de forma que esté obligado a formular estados financieros consolidados con arreglo a los principios de contabilidad aplicables o estaría obligado a ello si las participaciones en el capital de tales empresas se negociaran en un mercado de valores.

2. Por "Grupo Multinacional" se entenderá cualquier grupo (i) que conste de dos o más empresas cuya residencia fiscal se encuentre en jurisdicciones diferentes, o que esté compuesto por una empresa residente a efectos fiscales en una jurisdicción y que tribute en otra jurisdicción por las actividades realizadas a través de un establecimiento permanente, y (ii) que no sea un Grupo Multinacional Excluido.

3. Por "Grupo Multinacional Excluido" se entenderá, en un Ejercicio Fiscal del Grupo, un grupo cuyos ingresos consolidados totales hayan sido inferiores a [750 millones de euros]/[indicar el contravalor en moneda local equivalente aproximadamente a 750 millones de euros en enero de 2015] durante el Ejercicio Fiscal inmediatamente anterior al Ejercicio Fiscal de Presentación de Información, tal como se desprenda de sus Estados Financieros Consolidados correspondientes a ese Ejercicio Fiscal anterior.

4. Por "Entidad Integrante" se entenderá (i) una unidad de negocio independiente perteneciente a un Grupo Multinacional que esté incluida en los estados financieros consolidados del Grupo Multinacional a efectos de presentación de la información financiera, o que estaría incluida si las participaciones en el capital de dicha unidad de negocio se negociaran en un mercado de valores; (ii) una unidad de negocio excluida de los estados financieros consolidados del Grupo Multinacional únicamente por motivos de tamaño o relevancia; y (iii) un establecimiento permanente de una unidad de negocio independiente del Grupo Multinacional que esté contemplada en los incisos (i) o (ii) anteriores, siempre que esa unidad de negocio formule, para dicho establecimiento permanente, estados financieros separados a efectos de presentación de información financiera, regulatorios, fiscales o de control interno de la gestión.

5. Por "Entidad Informante" se entenderá una Entidad Integrante que esté obligada a presentar, en su jurisdicción de residencia fiscal y en nombre del Grupo Multinacional, un informe país por país con arreglo a lo previsto en el artículo 4. La Entidad Informante podrá ser la Sociedad Matriz Última, la Sociedad Matriz Representante o cualquier entidad mencionada en el apartado 2 del artículo 2.

6. Por "Sociedad Matriz Última" se entenderá una Entidad Integrante de un Grupo Multinacional que cumpla los criterios siguientes:

   (i) poseer directa o indirectamente una participación suficiente en otra u otras Entidades Integrantes de dicho Grupo Multinacional, de forma que esté obligada a formular estados financieros consolidados con arreglo a los principios de contabilidad generalmente aplicados en la jurisdicción de su residencia fiscal, o estaría obligado a ello si sus participaciones representativas de capital se negociaran en un mercado de valores de la jurisdicción de su residencia fiscal; y

(ii) que no exista otra Entidad Integrante del Grupo Multinacional que posea directa o indirectamente la participación que se describe en el apartado (i) precedente en la Entidad Integrante mencionada en primer lugar.

7. Por "Sociedad Matriz Representante" se entenderá una Entidad Integrante del Grupo Multinacional que haya sido nombrada por dicho Grupo Multinacional como representante única de la Sociedad Matriz Última a fin de presentar el informe país por país en la jurisdicción de residencia fiscal de dicha Entidad Integrante, en nombre del Grupo Multinacional, siempre que concurran uno o varios de los requisitos previstos en el punto (ii) del apartado 2 del artículo 2.

8. Por "Ejercicio Fiscal" se entenderá el período anual contable con respecto al cual la Sociedad Matriz Última del Grupo Multinacional formula sus estados financieros.

9. Por "Ejercicio Fiscal de Presentación de Información" se entenderá el ejercicio fiscal cuyos resultados financieros y operativos consten en el informe país por país definido en el artículo 4.

10. Por "Acuerdo Elegible entre Autoridades Competentes" se entenderá un acuerdo (i) celebrado entre los representantes autorizados de las jurisdicciones que son parte en un Acuerdo Internacional y (ii) que exija el intercambio automático de informes país por país entre las jurisdicciones parte.

11. Por "Acuerdo Internacional" se entenderá el Convenio Multilateral de Asistencia Administrativa Mutua en Materia Fiscal, cualquier Convenio Fiscal bilateral o multilateral, o cualquier acuerdo de intercambio de información tributaria en el que [país] sea parte, y en el que se establezca la facultad legal de intercambiar información fiscal entre jurisdicciones, incluyendo el intercambio automático de esa información.

12. Por "Estados Financieros Consolidados" se entenderá los estados financieros de un Grupo Multinacional, en los que se presentan los activos, pasivos, ingresos, gastos y flujos de caja de la Sociedad Matriz Última y de las Entidades Integrantes como si fueran los de una entidad económica única.

13. Por "Omisión Sistemática" en una jurisdicción se entenderá que dicha jurisdicción cuenta con un Acuerdo Elegible entre Autoridades Competentes en vigor con [país], pero ha suspendido el intercambio automático (por motivos distintos de los previstos en ese Acuerdo) o de otro modo no ha facilitado, de forma persistente, a [país] los informes país por país que le han presentado los grupos multinacionales con Entidades Integrantes situadas en [país].

Artículo 2
Obligación de presentación de información

1. A más tardar en la fecha prevista en el artículo 5, toda Sociedad Matriz Última de un Grupo Multinacional que resida a efectos fiscales en [país] presentará un informe país por país con arreglo a las exigencias del artículo 4 a la [Administración Tributaria del País] correspondiente a su Ejercicio Fiscal de Presentación de Información.

2. A más tardar en la fecha prevista en el artículo 5, una Entidad Integrante que no sea la Sociedad Matriz Última de un Grupo Multinacional presentará un informe país por país conforme a lo dispuesto en el artículo 4 ante la [Administración Tributaria del País] correspondiente al Ejercicio Fiscal de Presentación de Información del Grupo Multinacional del que forma parte como Entidad Integrante, si se cumplen los siguientes criterios:

(i) dicha entidad es residente a efectos fiscales en [país]; y

(ii) concurre una de las condiciones siguientes:

a) la Sociedad Matriz Última del Grupo Multinacional no está obligada a presentar un informe país por país en la jurisdicción de su residencia fiscal; o

b) la jurisdicción de residencia fiscal de la Sociedad Matriz Última cuenta con un Acuerdo Internacional vigente en el que [país] es parte, pero no tiene un Acuerdo Elegible entre Autoridades Competentes en vigor en el que [país] sea parte en la fecha prevista en el artículo 5 para la presentación del informe país por país correspondiente al Ejercicio Fiscal de Presentación de Información; o

c) la jurisdicción de residencia fiscal de la Sociedad Matriz Última ha cometido una Omisión Sistemática que ha sido notificada por [Administración Tributaria del País] a la Entidad Integrante residente a efectos fiscales en [país].

Cuando varias Entidades Integrantes del mismo Grupo Multinacional sean residentes a efectos fiscales en [país] y concurran una o más de las condiciones previstas en el punto (ii) precedente, el Grupo Multinacional podrá designar a una de esas Entidades Integrantes para que presente el informe país por país con arreglo a lo dispuesto en el artículo 4 ante la [Administración Tributaria del País] en relación con un Ejercicio Fiscal de Presentación de Información, en la fecha señalada en el artículo 5 o con anterioridad, y para que notifique a la [Administración Tributaria del País] que se pretende con ello cumplir las obligaciones de información de todas las Entidades Integrantes de dicho Grupo Multinacional residentes fiscalmente en [país].

3. No obstante lo previsto en el apartado 2 de este artículo 2, cuando concurran una o más de las condiciones previstas en el punto (ii) del apartado 2 del artículo 2, una entidad contemplada en el apartado 2 de este artículo 2 no estará obligada a presentar un informe país por país ante la [Administración Tributaria del País] en relación con un Ejercicio Fiscal de Presentación de Información si el Grupo Multinacional al que pertenece como Entidad Integrante ha aportado un informe país por país con arreglo a lo dispuesto en el artículo 4 con respecto a dicho Ejercicio Fiscal, a través de una Sociedad Matriz Representante que presente dicho informe país por país a las autoridades tributarias de la jurisdicción de su residencia fiscal, en la fecha señalada en el artículo 5 o con anterioridad, siempre que se cumplan las siguientes condiciones:

a) la jurisdicción de residencia fiscal de la Sociedad Matriz Representante exige la presentación de informes país por país de conformidad con los requisitos del artículo 4;

b) la jurisdicción de residencia fiscal de la Sociedad Matriz Representante cuenta con un Acuerdo Elegible entre Autoridades Competentes en vigor en el que [país] sea parte en la fecha prevista en el artículo 5 para la presentación del informe país por país correspondiente al Ejercicio Fiscal de Presentación de Información;

c) la jurisdicción de residencia fiscal de la Sociedad Matriz Representante no ha notificado a la [Administración Tributaria del País] una Omisión Sistemática;

d) la jurisdicción de residencia fiscal de la Sociedad Matriz Representante ha sido informada, de conformidad con el apartado 1 del artículo 3, por la Entidad Integrante residente fiscalmente en dicha jurisdicción de que esta última es la Sociedad Matriz Representante; y

e) se ha remitido una notificación a la [Administración Tributaria del País] con arreglo al apartado 2 del artículo 3.

Artículo 3
Notificación

1. Una Entidad Integrante de un Grupo Multinacional que resida a efectos fiscales en [país] deberá comunicar a la [Administración Tributaria del País] si es la Sociedad Matriz Última o la Sociedad Matriz Representante, a más tardar [el último día del Ejercicio Fiscal de Presentación de Información de dicho Grupo Multinacional].

2. Cuando una Entidad Integrante de un Grupo Multinacional que resida a efectos fiscales en [país] no sea la Sociedad Matriz Última ni la Sociedad Matriz Representante, comunicará a la [Administración Tributaria del País] la identidad y residencia fiscal de la Entidad Informante, a más tardar [el último día del Ejercicio Fiscal de Presentación de Información de dicho Grupo Multinacional].

Artículo 4
Informe país por país

1. A efectos de la presente [título de la ley], el informe país por país relativo a un Grupo Multinacional contendrá:

(i) Información agregada relativa al monto de los ingresos, beneficios (pérdidas) antes del impuesto sobre sociedades, impuestos sobre sociedades pagados, impuestos sobre sociedades devengados, capital declarado, resultados no distribuidos, número de trabajadores y activos tangibles distintos de la tesorería y de los instrumentos equivalentes a tesorería, para cada jurisdicción en la que el Grupo Multinacional opere;

(ii) La identificación de cada Entidad Integrante del Grupo Multinacional, indicando su jurisdicción de residencia fiscal, así como, cuando sea distinta, la jurisdicción con arreglo a cuya legislación se ha constituido y la naturaleza de la actividad o actividades económicas principales de dicha Entidad Integrante.

2. El informe país por país se presentará en el formato establecido y siguiendo las definiciones e instrucciones contenidas en la plantilla modelo recogida en [el Anexo III del Capítulo V de las Directrices de Precios de Transferencia de la OCDE, en su versión actualizada en cada momento]/[el Anexo III del Informe "Documentación de precios de transferencia e informes país por país" sobre la Acción 13 del Plan de acción de la OCDE/G20 contra la erosión de la base imponible y el traslado de beneficios]/[el Apéndice de esta ley].

Artículo 5
Plazo de presentación

El informe país por país que se exige en la presente [título de la ley] se aportará a más tardar 12 meses después del último día del Ejercicio Fiscal de Presentación de Información del Grupo Multinacional.

Artículo 6
Uso y confidencialidad del informe país por país

1. La [Administración Tributaria del País] utilizará el informe país por país para evaluar con carácter global los riesgos de precios de transferencia y otros riesgos relacionados con la erosión de la base imponible y el traslado de beneficios en [país], valorando en particular el riesgo de que los miembros del Grupo Multinacional incumplan las normas sobre precios de transferencia aplicables y, en su caso, con fines de análisis estadístico y económico. La [Administración Tributaria del País] no se basará en el Informe País por País para realizar ajustes a los precios de transferencia.

2. La confidencialidad de la información que figura en el informe país por país será preservada por la [Administración Tributaria del País] al menos al mismo nivel que si dicha información se le comunicara con arreglo a lo dispuesto en el Convenio Multilateral de Asistencia Administrativa Mutua en Materia Fiscal.

Artículo 7
Sanciones

Esta ley modelo no comprende disposiciones acerca de las sanciones que han de imponerse en caso de que una Entidad Informante no cumpla las obligaciones de información relativas al informe país por país. Se supone que las jurisdicciones desean extender su régimen sancionador existente en materia de documentación de precios de transferencia a la obligación de presentar el informe país por país.

Artículo 8

Fecha de entrada en vigor

La presente [título de la ley] se aplicará a los Ejercicios Fiscales de Presentación de Información de grupos multinacionales que comiencen a partir del [1 de enero de 2016].

Acuerdo Multilateral entre Autoridades Competentes sobre el Intercambio de Informes País por País

Considerando que las jurisdicciones de los signatarios del Acuerdo Multilateral entre Autoridades Competentes sobre el Intercambio de Informes País por País (el "Acuerdo") son partes del Convenio de Asistencia Administrativa Mutua en Materia Fiscal o del Convenio de Asistencia Administrativa Mutua en Materia Fiscal, modificado por el Protocolo (el "Convenio"), o territorios sujetos a dicho Convenio, o han firmado o expresado su intención de firmar el Convenio, reconociendo que el Convenio ha de entrar en vigor y surtir efectos frente a ellos antes de que se produzca el intercambio automático de los informes país por país;

Considerando que un país que ha firmado o expresado su intención de firmar el Convenio sólo será considerado una Jurisdicción, en el sentido del artículo 1 del presente Acuerdo, cuando pase a ser parte del Convenio;

Considerando que las jurisdicciones se proponen aumentar la transparencia fiscal internacional y reforzar el acceso de sus respectivas autoridades tributarias a la información sobre el reparto mundial de los ingresos, los impuestos pagados y ciertos indicadores de la localización de la actividad económica entre las jurisdicciones en las que operan los Grupos Multinacionales, recurriendo al intercambio automático de los Informes País por País anuales, con objeto de efectuar una evaluación global de los riesgos de precios de transferencia y otros riesgos relacionados con la erosión de la base imponible y el traslado de beneficios, así como con fines de análisis económico y estadístico, cuando proceda;

Considerando que las legislaciones de las respectivas Jurisdicciones exigen o está previsto que exijan que la Entidad Informante de un Grupo Multinacional presente anualmente un Informe País por País;

Considerando que el Informe País por País forma parte de una estructura en tres niveles, junto con un archivo maestro mundial y un archivo local, que representan conjuntamente un enfoque estandarizado de la documentación de precios de transferencia, que proporcionará a las administraciones tributarias información fiable y pertinente a fin de realizar un análisis sólido y eficiente de la evaluación del riesgo de precios de transferencia;

Considerando que el Capítulo III del Convenio autoriza el intercambio de información con fines fiscales, en particular el intercambio automático de información, y permite a las autoridades competentes de las Jurisdicciones acordar el ámbito y las modalidades de tales intercambios automáticos;

Considerando que el artículo 6 del Convenio prevé que dos o más partes puedan convenir el intercambio automático de información, efectuándose dicho intercambio con carácter bilateral entre las Autoridades Competentes;

Considerando que las Jurisdicciones tienen, o se prevé que tengan antes del primer intercambio de Informes País por País, (i) las salvaguardias necesarias para garantizar que la información recibida de conformidad con este Acuerdo conserve su confidencialidad y se utilice únicamente a fin de evaluar con carácter global los riesgos de precios de transferencia y otros riesgos relacionados con la erosión de la base imponible y el traslado de beneficios, así como con fines de análisis económico y estadístico, en su caso, conforme al artículo 5 de este Acuerdo, y (ii) la infraestructura necesaria para una relación de intercambio efectivo (incluidos los procesos necesarios para garantizar un intercambio de información oportuno, preciso y confidencial, una comunicación eficiente y fiable y los medios que permitan resolver rápidamente las cuestiones y dudas que se planteen en relación con los intercambios o los requerimientos de intercambio de información y para aplicar lo dispuesto en el artículo 4 de este Acuerdo) y (iii) la normativa necesaria para exigir a las Entidades Informantes la presentación del Informe País por País;

Considerando que las Jurisdicciones se comprometen a mantener consultas con el fin de resolver los supuestos en que se produzcan resultados económicos no deseados, incluso en el caso de empresas particulares, con arreglo al apartado 2 del artículo 24 del Convenio, y al apartado 1 del artículo 6 del presente Acuerdo;

Considerando que los procedimientos amistosos, basados por ejemplo en un convenio sobre doble imposición celebrado entre las jurisdicciones de las Autoridades Competentes, seguirán siendo aplicables en los casos en que se haya intercambiado el Informe País por País de conformidad con este Acuerdo;

Considerando que las Autoridades Competentes de las Jurisdicciones se proponen concluir este Acuerdo, sin perjuicio de los procedimientos legislativos nacionales (si los hubiese) y con sujeción a las salvaguardias sobre confidencialidad y otras garantías previstas en el Convenio, comprendidas las disposiciones que limitan el uso de la información intercambiada en su virtud;

Expuesto cuanto antecede, las Autoridades Competentes han convenido lo siguiente:

ARTÍCULO 1
Definiciones

1. A efectos del presente Acuerdo, las expresiones siguientes tendrán los significados que se indican a continuación:

a) Por **"Jurisdicción"** se entenderá un país o territorio para el que el Convenio esté en vigor y surta efectos, en virtud de ratificación, aceptación o aprobación con arreglo al artículo 28, o por extensión territorial conforme al artículo 29, y que sea signatario de este Acuerdo;

b) Por **"Autoridad Competente"** se entenderá, para cada Jurisdicción, las personas y autoridades enumeradas en el Anexo B del Convenio;

c) Por **"Grupo"** se entenderá un conjunto de empresas vinculadas por relaciones de propiedad o control, que esté obligado a formular estados financieros consolidados con arreglo a los principios de contabilidad aplicables o estaría obligado a ello si las participaciones en el capital de tales empresas se negociaran en un mercado de valores.

d) Por **"Grupo Multinacional"** se entenderá cualquier grupo (i) que conste de dos o más empresas cuya residencia fiscal se encuentre en jurisdicciones diferentes, o que esté compuesto por una empresa residente a efectos fiscales en una jurisdicción y que tribute en otra jurisdicción por las actividades realizadas a través de un establecimiento permanente, y (ii) que no sea un Grupo Multinacional Excluido.

e) Por **"Grupo Multinacional Excluido"** se entenderá un Grupo que no esté obligado a presentar el Informe País por País porque sus ingresos consolidados anuales en el ejercicio fiscal inmediatamente anterior al año de presentación de información, tal como constan en sus estados financieros consolidados correspondientes a dicho ejercicio anterior, fueran inferiores al umbral establecido en la legislación nacional de la Jurisdicción, de conformidad con el Informe de 2015, tal como haya sido actualizado, en su caso, tras la revisión de 2020 prevista;

f) Por **"Entidad Integrante"** se entenderá (i) una unidad de negocio independiente perteneciente a un Grupo Multinacional que esté incluida en los estados financieros consolidados del Grupo Multinacional a efectos de presentación de la información financiera, o que estaría incluida si las participaciones en el capital de dicha unidad de negocio se negociaran en un mercado de valores; (ii) una unidad de negocio excluida de los estados financieros consolidados del Grupo Multinacional únicamente por motivos de tamaño o relevancia; y (iii) un establecimiento permanente de una unidad de negocio independiente del Grupo Multinacional que esté contemplada en los incisos (i) o (ii) anteriores, siempre que esa unidad de negocio formule, para dicho establecimiento permanente, estados financieros separados a efectos de presentación de información financiera, regulatorios, fiscales o de control interno de la gestión.

g) Por **"Entidad Informante"** se entenderá la Entidad Integrante que, con arreglo a la legislación nacional de su jurisdicción de residencia fiscal, presenta el Informe País por País en virtud de su capacidad de actuar en nombre del Grupo Multinacional;

h) Por **"Informe País por País"** se entenderá el informe país por país que la Entidad Informante ha de presentar anualmente conforme a la legislación de su jurisdicción de residencia fiscal, con la información exigida por dicha legislación, que cubrirá los elementos previstos en el Informe de 2015 y seguirá el formato que éste establece, tal como sea modificado tras la revisión de 2020 prevista en el mismo;

i) Por **"Informe de 2015"** se entenderá el informe consolidado que lleva por título "Documentación de precios de transferencia e informes país por país", sobre la Acción 13 del Plan de acción de la OCDE/G20 contra la erosión de la base imponible y el traslado de beneficios;

j) Por "**Órgano de Coordinación**" se entenderá el órgano coordinador del Convenio que, con arreglo al apartado 3 de su artículo 24, está compuesto por representantes de las autoridades competentes de las partes del Convenio;

k) Por **"Secretaría del Órgano de Coordinación"** se entenderá la Secretaría de la OCDE que, conforme al apartado 3 del artículo 24 del Convenio, presta apoyo al Órgano de Coordinación;

l) Por **"Acuerdo en Vigor"** se entenderá, respecto de cualquier par de Autoridades Competentes, que ambas Autoridades Competentes han manifestado su intención de intercambiar automáticamente información entre sí y que han cumplido las restantes condiciones previstas en el apartado 2 del artículo 8. En el sitio web de la OCDE se publicará una lista de las Autoridades Competentes respecto a las cuales está en vigor el presente Acuerdo.

2. A efectos de la aplicación del presente Acuerdo por una Autoridad Competente en cualquier momento, excepto cuando el contexto exija una interpretación diferente o las Autoridades competentes acuerden un significado común (en la medida en que lo permita su legislación interna), los términos y expresiones no definidos en este Acuerdo tendrán el significado que les atribuya en ese momento la legislación de la Jurisdicción que aplica el Acuerdo, prevaleciendo el significado atribuido por la legislación fiscal aplicable en esa Jurisdicción sobre el que resultaría de otras ramas del Derecho de esa Jurisdicción.

ARTÍCULO 2
Intercambio de información respecto de Grupos Multinacionales

1. Conforme a lo dispuesto en los artículos 6, 21 y 22 del Convenio, toda Autoridad competente intercambiará anualmente y de forma automática los Informes País por País recibidos de las Entidades Informantes residentes fiscalmente en su jurisdicción, con todas las demás Autoridades Competentes con las que esté en vigor el presente Acuerdo y en las que, a la luz de la información contenida en el Informe País por País, una o varias Entidades Integrantes del Grupo Multinacional al que pertenece la Entidad Informante tengan su residencia fiscal o tributen por actividades realizadas a través de un establecimiento permanente.

2. No obstante lo dispuesto en el apartado anterior, las Autoridades Competentes de las Jurisdicciones que han manifestado su intención de ser incluidas en la lista de jurisdicciones sin reciprocidad, enviando una notificación con arreglo a la letra (b) del apartado 1 del artículo 8, remitirán los Informes País por País con arreglo al apartado 1, pero no los recibirán en virtud del presente Acuerdo. Las Autoridades Competentes de las Jurisdicciones que no figuran en la lista de Jurisdicciones sin reciprocidad transmitirán y recibirán la información especificada en el apartado 1. Sin embargo, las Autoridades Competentes no enviarán dicha información a las Autoridades Competentes de las Jurisdicciones incluidas en la referida lista de jurisdicciones sin reciprocidad.

ARTÍCULO 3
Plazo y procedimiento de intercambio de información

1. A efectos del intercambio de información previsto en el artículo 2, se especificará la moneda de los importes recogidos en el Informe País por País.

2. En relación con el apartado 1 del artículo 2, deberá intercambiarse por vez primera un Informe País por País, relativo al ejercicio fiscal del Grupo Multinacional que comience en o después de la fecha indicada por la Autoridad Competente en la notificación prevista en la letra (a) del apartado 1 del artículo 8, tan pronto como sea posible y a más tardar 18 meses después del último día de dicho ejercicio fiscal. No obstante la frase anterior, únicamente deberá intercambiarse un Informe País por País si este Acuerdo surte efectos para ambas Autoridades Competentes y en sus respectivas Jurisdicciones se aplica legislación que exija la presentación de Informes País por País respecto del ejercicio fiscal objeto del referido Informe País por País, que sea conforme con el ámbito del intercambio previsto en el artículo 2.

3. Sin perjuicio del apartado 2, el Informe País por País deberá intercambiarse tan pronto como sea posible y a más tardar 15 meses después del último día del ejercicio fiscal del Grupo Multinacional al que se refiere el Informe País por País.

4. Las Autoridades Competentes intercambiarán automáticamente los Informes País por País mediante un esquema común en lenguaje de marcas extensible.

5. Las Autoridades Competentes se esforzarán por acordar y acordarán uno o más métodos para la transmisión electrónica de datos, incluidos estándares de cifrado, con el fin de maximizar la estandarización y minimizar la complejidad y los costes, y notificarán a la Secretaría del Órgano de Coordinación dichos métodos estandarizados de transmisión y cifrado.

ARTÍCULO 4
Colaboración en materia de cumplimiento y exigibilidad

Una Autoridad Competente procederá a notificar a la otra Autoridad Competente cuando tenga razones para considerar que un error puede haber originado una comunicación de información incorrecta o incompleta sobre una Entidad Informante, o que la Entidad Informante no ha cumplido su obligación de presentar un Informe País por País. La Autoridad Competente notificada aplicará todas las medidas previstas al efecto en su legislación interna para subsanar el error o el incumplimiento descrito en la notificación.

ARTÍCULO 5
Confidencialidad, protección de datos y uso adecuado

1. Toda la información intercambiada está protegida por las normas sobre confidencialidad y demás salvaguardias previstas en el Convenio, incluidas las disposiciones que limitan el uso de la información intercambiada.

2. Además de las restricciones previstas en el apartado 1, la utilización de la información estará limitada asimismo a los usos permisibles que se describen en este apartado. En particular, la información recibida a través del Informe País por País se utilizará para evaluar con carácter global los riesgos de precios de transferencia, de erosión de la base imponible y de traslado de beneficios, así como, cuando proceda, con fines de análisis estadístico y económico. Sin embargo, la información no sustituye a un análisis detallado de los precios de transferencia de operaciones y precios concretos, realizado sobre la base de un análisis completo funcional y de comparabilidad. Se reconoce que la información que figura en el Informe País por País no constituye, por sí sola, una prueba concluyente para determinar si los precios de transferencia son o no adecuados, por lo que los eventuales ajustes posteriores de los precios de transferencia no se basarán en el Informe País por País. Los ajustes improcedentes realizados en infracción de este apartado por las administraciones tributarias locales serán regularizados en los procedimientos de las autoridades competentes. No obstante lo anterior, no está prohibido basarse en los datos del Informe País por País para realizar nuevas indagaciones, en el marco de una inspección fiscal, sobre los sistemas de precios de transferencia u otros asuntos tributarios de un grupo multinacional y, en consecuencia, podrán introducirse los ajustes oportunos en los beneficios imponibles de una Entidad Integrante.

3. En la medida permitida por la legislación aplicable, una Autoridad Competente notificará inmediatamente a la Secretaría del Órgano de Coordinación cualesquiera incumplimientos de los apartados 1 y 2 de este artículo, indicando las acciones correctoras y las medidas adoptadas respecto del incumplimiento de los citados apartados. La Secretaría del Órgano de Coordinación notificará a todas las Autoridades Competentes con las que el presente Acuerdo esté en Vigor con la mencionada Autoridad Competente.

ARTÍCULO 6
Consultas

1. En caso de que un ajuste de los beneficios imponibles de una Entidad Integrante, realizado a raíz de nuevas investigaciones basadas en los datos del Informe País por País, ocasione resultados económicos indeseados, incluso para una empresa concreta, las Autoridades Competentes de las Jurisdicciones en las que residan las Entidades Integrantes afectadas iniciarán consultas y contactos entre sí con vistas a resolver la cuestión.

2. En caso de que surjan dificultades en la aplicación o interpretación de este Acuerdo, una Autoridad Competente podrá solicitar consultas con una o más Autoridades Competentes para la adopción de medidas apropiadas que garanticen el cumplimiento de este Acuerdo. En particular, una Autoridad Competente consultará con la otra antes de determinar que se ha producido una omisión sistemática en el intercambio de Informes País por País con la otra Autoridad Competente. Cuando la Autoridad Competente antes mencionada efectúe dicha determinación, lo comunicará a la Secretaría del Órgano de Coordinación quien, tras informar a la otra Autoridad Competente interesada, notificará a todas las Autoridades Competentes. En la medida permitida por la legislación aplicable, cualquier Autoridad Competente podrá hacer intervenir, recurriendo si así lo desea a la intermediación de la Secretaría del Órgano de Coordinación, a otras Autoridades Competentes sujetas a este Acuerdo en Vigor con el fin de buscar una solución satisfactoria de la cuestión.

3. La Autoridad Competente que solicite consultas con arreglo al apartado 2 deberá cerciorarse, si procede, de que la Secretaría del Órgano de Coordinación sea notificada de las conclusiones alcanzadas y las medidas articuladas, aun en caso de falta de conclusiones o medidas, y la Secretaría del Órgano de Coordinación comunicará a todas las Autoridades Competentes, incluso a las que no participaron en las consultas, tales conclusiones o medidas. No deberá facilitarse información específica relativa a un contribuyente, en particular la información que pudiera revelar la identidad del contribuyente de que se trate.

ARTÍCULO 7
Modificaciones

Este Acuerdo podrá modificarse por consenso mediante acuerdo escrito de todas las Autoridades competentes para las que el Acuerdo esté en vigor. A menos que se convenga otra cosa, la modificación surtirá efectos en el primer día del mes siguiente a la expiración del plazo de un mes contado desde la fecha de la última firma de dicho acuerdo escrito.

ARTÍCULO 8
Vigencia del Acuerdo

1. La Autoridad Competente deberá remitir a la Secretaría del Órgano de Coordinación, en el momento de la firma de este Acuerdo o tan pronto como sea posible con posterioridad, una notificación:

a) indicando que su Jurisdicción dispone de la legislación necesaria para obligar a las Entidades Informantes a presentar un Informe País por País y que su Jurisdicción exigirá la presentación de los Informes País por País correspondientes a los ejercicios fiscales de las Entidades Informantes que comiencen en la fecha señalada en la notificación o con posterioridad;

b) especificando si la Jurisdicción debe incluirse en la lista de Jurisdicciones sin reciprocidad;

c) especificando uno o más métodos de transmisión electrónica de datos, incluido el cifrado;

d) señalando que cuenta con las infraestructuras y el marco jurídico necesario para garantizar la confidencialidad requerida, cumpliendo las normas de protección de datos previstas en el artículo 22 del Convenio y en el apartado 1 del artículo 5 de este Acuerdo, así como para asegurar el uso adecuado de la información contenida en los Informes País por País, tal como se describe en el apartado 2 del artículo 5 del presente Acuerdo, adjuntando el cuestionario cumplimentado sobre confidencialidad y protección de datos que se recoge en el Anexo del presente Acuerdo; y

e) que recoja (i) un listado de las Jurisdicciones de las Autoridades Competentes respecto de las que tiene intención de que este Acuerdo entre en Vigor, conforme a los procedimientos legislativos nacionales establecidos al efecto (en su caso) o (ii) una declaración de la Autoridad Competente que pretende que el presente Acuerdo entre en Vigor con todas las demás Autoridades Competentes que remitan una notificación conforme a la letra (e) del apartado 1 del artículo 8.

Las Autoridades Competentes deberán comunicar inmediatamente a la Secretaría del Órgano de Coordinación cualquier cambio ulterior que se realice en el contenido de la notificación antes expuesto.

2. El presente Acuerdo entrará en vigor entre dos Autoridades Competentes en la última de las fechas que se indican a continuación: (i) la fecha en que la segunda de las dos Autoridades Competentes haya remitido a la Secretaría del Órgano de Coordinación la notificación prevista en el apartado 1 señalando la Jurisdicción de la otra Autoridad Competente con arreglo a la letra (e) del apartado 1, y (ii) la fecha en que el Convenio haya entrado en vigor y efecto para ambas Jurisdicciones.

3. La Secretaría del Órgano de Coordinación elaborará una lista, que se publicará en el sitio web de la OCDE, en la que figuren las Autoridades Competentes que han firmado el Acuerdo y las que éste es aplicable como un Acuerdo en Vigor. Asimismo, la Secretaría del Órgano de Coordinación publicará en el sitio web de la OCDE la información proporcionada por las Autoridades Competentes con arreglo a lo dispuesto en las letras (a) y (b) del apartado 1.

4. La información facilitada en virtud de las letras (c) a (e) del apartado 1 se proporcionará a otros signatarios previa petición por escrito de la Secretaría del Órgano de Coordinación.

5. Una Autoridad Competente podrá suspender temporalmente el intercambio de información previsto en este Acuerdo mediante una notificación por escrito remitida a otra Autoridad Competente indicando que ha determinado que existe o ha existido un incumplimiento sustancial de este Acuerdo por la otra Autoridad Competente. Antes de adoptar esa decisión, la Autoridad Competente mencionada en primer lugar consultará con la otra. A efectos de este apartado, por incumplimiento sustancial se entenderá el incumplimiento de los apartados 1 y 2 del artículo 5 y del apartado 1 del artículo 6 del presente Acuerdo y/o de las disposiciones correspondientes del Convenio, así como el hecho de que la Autoridad Competente no proporcione información adecuada y en tiempo útil según lo previsto en este Acuerdo. La suspensión tendrá efectos inmediatos y perdurará hasta que la Autoridad Competente mencionada en segundo lugar determine, de forma satisfactoria para ambas Autoridades Competentes, que no se ha producido un incumplimiento sustancial o que la Autoridad Competente mencionada en segundo lugar ha adoptado las medidas oportunas para solventar el incumplimiento sustancial. En la medida permitida por la legislación aplicable, cualquier Autoridad Competente podrá hacer intervenir, recurriendo si así lo desea a la intermediación de la Secretaría del Órgano de Coordinación, a otras Autoridades Competentes sujetas a este Acuerdo en Vigor con el fin de buscar una solución satisfactoria de la cuestión.

6. Una Autoridad Competente podrá poner fin a su participación en el presente Acuerdo o con respecto a una determinada Autoridad Competente remitiendo una notificación por escrito de resolución a la Secretaría del Órgano de Coordinación. Dicha resolución

surtirá efectos en el primer día del mes siguiente a la expiración de un plazo de 12 meses contado desde la fecha de la notificación de la resolución. En caso de resolución, toda la información recibida previamente conforme a este Acuerdo seguirá siendo confidencial y estará sujeta a los términos del Convenio.

ARTÍCULO 9
Secretaría del Órgano de Coordinación

A menos que el Acuerdo disponga otra cosa, la Secretaría del Órgano de Coordinación remitirá a todas la Autoridades Competentes todas las notificaciones que reciba conforme a este Acuerdo y enviará una notificación a todos los signatarios del Acuerdo cuando éste sea firmado por una nueva Autoridad Competente.

Otorgado en inglés y francés, siendo ambos textos igualmente auténticos.

Anexo del Acuerdo – Cuestionario sobre confidencialidad y protección de datos

1. Marco legal

El marco legal debe garantizar la confidencialidad de la información fiscal intercambiada y limitar su uso a fines legítimos. Los dos elementos básicos de ese marco legal son las disposiciones del convenio aplicable, del AIIT o de otro acuerdo bilateral sobre el intercambio de información, y la legislación interna de la jurisdicción.

1.1 Convenios fiscales, AIIT y otros acuerdos de intercambio	
Materias principales por verificar	• Disposiciones de convenios fiscales, AIIT y acuerdos internacionales que exigen la confidencialidad de la información intercambiada y restringen su uso a los fines previstos
¿Cómo garantizan la confidencialidad las normas sobre intercambio de información de sus convenios fiscales, AIIT u otros acuerdos de intercambio la confidencialidad y cómo restringen el uso de la información remitida a otros Estados Contratantes y la información recibida en respuesta a una petición?	
1.2 Legislación interna	
Materias principales por verificar	• La legislación interna debe establecer salvaguardias para la información intercambiada con arreglo a un convenio, AIIT u otro acuerdo internacional, y considerar vinculantes esos acuerdos de intercambio de información, restringir el acceso y uso de los datos e imponer sanciones por las infracciones.
¿Cómo protegen y restringen las leyes y reglamentos internos el uso de la información intercambiada con fines tributarios con arreglo a los convenios fiscales, AIIT u otros instrumentos de intercambio? ¿Cómo previene la administración tributaria el uso irregular de los datos confidenciales y cómo prohíbe la transmisión de información fiscal desde un órgano administrativo tributario a órganos administrativos no tributarios?	

2. Gestión de la seguridad de la información

Los sistemas de gestión de la seguridad de la información utilizados por las administraciones tributarias de las jurisdicciones deben atenerse a normas que garanticen la protección de los datos confidenciales de los contribuyentes. Por ejemplo, ha de aplicarse un proceso selectivo para los empleados que manejen la información, establecer límites de las personas con acceso a la información y sistemas para detectar y rastrear las divulgaciones no autorizadas. Las normas aceptadas intencionalmente en materia de seguridad de la información son las llamadas "ISO/IEC 27000-serie." Como se indica de forma más detallada más abajo, una administración tributaria ha de poder documentar que cumple las normas ISO/IEC 27000-serie o que cuenta con un marco equivalente de seguridad de la información, y que los datos del contribuyente obtenidos mediante un acuerdo de intercambio están protegidos por ese marco.

2.1.1 Comprobación de antecedentes y contratos	
Materias principales por verificar	• Examen e investigación de antecedentes de empleados y contratistas • Procesos de selección y contratación • Puntos de contacto responsables
¿Qué procedimientos aplica su administración tributaria para comprobar los antecedentes de los empleados y contratistas que puedan acceder o usar los datos recibidos mediante el intercambio de información, o que sean responsables de su protección? ¿Esta información es de conocimiento público? De ser así, indíquese la referencia. En caso de respuesta negativa, inclúyase un resumen de los procedimientos.	
2.1.2 Formación y sensibilización	
Materias principales por verificar	• Formación inicial y periódica para la sensibilización en materia de seguridad, sobre la base de las funciones, los riesgos de seguridad y las leyes aplicables
¿Qué formación ofrece su administración tributaria a empleados y contratistas acerca de la información confidencial, incluidos los datos recibidos de los socios a través del intercambio de información? ¿Dispone su administración tributaria de una versión pública de las obligaciones de formación? De ser así, indíquese la referencia. En caso contrario, indíquese un resumen de estas obligaciones. [/Fin	
2.1.3 Normas sobre el cese en el cargo	
Materias principales por verificar	• Normas sobre el cese en el cargo para poner fin al acceso a la información confidencial
¿Qué procedimientos tiene establecidos su administración tributaria para poner fin al acceso a la información confidencial por los empleados y consultores cesantes? ¿Estos procedimientos son de conocimiento público? De ser así, indíquese la referencia. En caso de respuesta negativa, inclúyase un resumen de los procedimientos.	
2.2.1 Seguridad física: Acceso a los locales	
Materias principales por verificar	• Medidas de seguridad para restringir la entrada a los locales: vigilantes de seguridad, normas y procedimientos de acceso
¿Qué procedimientos aplica su administración tributaria para permitir el acceso de empleados, consultores y visitantes a los locales en los que se guarda información confidencial, en papel o electrónica? ¿Estos procedimientos son de conocimiento público? De ser así, indíquese la referencia. En caso de respuesta negativa, inclúyase un resumen de los procedimientos.	
2.2.2 Seguridad física: Almacenamiento físico de documentos	
Materias principales por verificar	• Almacenamiento físico seguro de documentos confidenciales: normas y procedimientos
¿Qué procedimientos ha establecido su administración tributaria para recibir, procesar, archivar, recuperar y eliminar las copias en papel de los datos confidenciales recibidos de los contribuyentes o de los socios en virtud del intercambio de información? ¿Cuenta su administración tributaria con procedimientos que han de seguir los empleados al salir de su lugar de trabajo al término de la jornada? ¿Estos procedimientos son de conocimiento público? En caso de respuesta afirmativa, indíquese la referencia. En caso de respuesta negativa, inclúyase un resumen. **¿Dispone su administración tributaria de una política de clasificación de datos? De ser así, indicar cómo varían los procedimientos de almacenamiento de documentos según los datos y niveles de confidencialidad. ¿Estos procedimientos son de conocimiento público? En caso de respuesta afirmativa, indíquese la referencia. En caso de respuesta negativa, inclúyase un resumen. [/Fin**	

2.3 Planificación	
Materias principales por verificar	• Documentación relativa a la planificación del desarrollo, actualización e implantación de los sistemas de seguridad de la información

¿Qué procedimientos aplica su administración tributaria para desarrollar, documentar, actualizar y ejecutar mecanismos de seguridad en los sistemas de información utilizados para recibir, procesar, archivar y recuperar información confidencial? ¿Estos procedimientos son de conocimiento público? En caso de respuesta afirmativa, indíquese la referencia. En caso de respuesta negativa, inclúyase un resumen.

¿Qué procedimientos aplica su administración tributaria para actualizar el plan de seguridad de la información ante los cambios de los sistemas informáticos y cómo se resuelven los problemas y riesgos detectados durante la implantación del plan de seguridad de la información? ¿Estos procedimientos son de conocimiento público? En caso de respuesta afirmativa, indíquese la referencia. En caso de respuesta negativa, inclúyase un resumen.

2.4 Gestión de la configuración	
Materias principales por verificar	• Gestión de la configuración y controles de seguridad

¿Qué normas aplica su administración tributaria para regular las actualizaciones y la configuración del sistema? ¿Estas normas son de conocimiento público? En caso de respuesta afirmativa, indíquese la referencia. En caso de respuesta negativa, inclúyase un resumen. [/Fin de pregunta]

2.5 Control del acceso	
Materias principales por verificar	• Normas y procedimientos de control de accesos: personal autorizado e intercambio internacional de información

¿Qué normas aplica su administración tributaria para limitar el acceso a los sistemas a los usuarios autorizados y proteger la transmisión de los datos que se reciben y almacenan? Describir el modo en que las normas de su administración tributaria relativas a la autorización de acceso y la transmisión de datos se aplican a los datos recibidos de un socio en virtud de un intercambio de información previsto en un convenio, AIIT u otro acuerdo de intercambio de información. ¿Estas normas son de conocimiento público? En caso de respuesta afirmativa, indíquese la referencia. En caso de respuesta negativa, inclúyase un resumen.

2.6 Identificación y autenticación	
Materias principales por verificar	• Autenticación de los usuarios mediante identificación y de los dispositivos que requieren acceso a los sistemas de información

¿Qué normas y procedimientos aplica su administración tributaria para cada sistema de información conectado a datos confidenciales? ¿Estos procedimientos y normas son de conocimiento público? En caso de respuesta afirmativa, indíquese la referencia. En caso de respuesta negativa, inclúyase un resumen.

¿Qué procedimientos y normas regulan la autenticación de los usuarios autorizados por la administración tributaria en los sistemas conectados a datos confidenciales? ¿Estos procedimientos y normas son de conocimiento público? En caso de respuesta afirmativa, indíquese la referencia. En caso de respuesta negativa, inclúyase un resumen.

2.7 Auditoría y responsabilidad	
Materias principales por verificar	• Trazabilidad de las actuaciones electrónicos en los sistemas • Procedimientos de auditoría de sistemas: seguimiento, análisis, investigación y comunicación de usos ilegales/no autorizados

¿Qué normas y procedimientos aplica su administración tributaria para cerciorarse de que se realicen auditorías del sistema a fin de detectar accesos no autorizados? ¿Estas normas son de conocimiento público? En caso de respuesta afirmativa, indíquese la referencia. En caso de respuesta negativa, inclúyase un resumen.

2.8 Mantenimiento	
Materias principales por verificar	• Mantenimiento periódico y en el tiempo debido de los sistemas • Controles sobre las herramientas, los procedimientos y los mecanismos de mantenimiento del sistema y de uso personal
¿Qué normas regulan el mantenimiento periódico del sistema por su administración tributaria? ¿Estas normas son de conocimiento público? En caso de respuesta afirmativa, indíquese la referencia. En caso de respuesta negativa, inclúyase un resumen. ¿Qué procedimientos regulan la resolución de los fallos del sistema detectados por su administración tributaria? ¿Estos procedimientos son de conocimiento público? En caso de respuesta afirmativa, indíquese la referencia. En caso de respuesta negativa, inclúyase un resumen.	
2.9 Protección de sistemas y comunicaciones	
Materias principales por verificar	• Procedimientos para seguir, controlar y proteger las comunicaciones dirigidas a sistemas de información y procedentes de los mismos
¿Qué normas y procedimientos aplica su administración tributaria para la transmisión y recepción electrónica de datos confidenciales? Describir los requisitos de seguridad y cifrado establecidos en estas normas. ¿Estas normas son de conocimiento público? En caso de respuesta afirmativa, indíquese la referencia. En caso de respuesta negativa, inclúyase un resumen.	
2.10 Integridad de los sistemas y de la información	
Materias principales por verificar	• Procedimientos para identificar, comunicar y corregir sin dilaciones defectos de los sistemas de información • Protección contra códigos maliciosos y seguimiento de las alertas de seguridad del sistema
¿Qué procedimientos aplica su administración tributaria para identificar, comunicar y corregir sin dilaciones los fallos de los sistemas de información Describir la forma en que estos procedimientos establecen una protección de los sistemas contra los códigos maliciosos que dañan la integridad de los datos. ¿Estos procedimientos son de conocimiento público? En caso de respuesta afirmativa, indíquese la referencia. En caso de respuesta negativa, inclúyase un resumen.	
2.11 Evaluaciones de seguridad	
Materias principales por verificar	• Procesos aplicados para comprobar, validar y autorizar los controles de seguridad encaminados a proteger datos, corregir deficiencias y reducir vulnerabilidades
¿Qué normas ha establecido y actualiza periódicamente su administración tributaria a fin de revisar el proceso empleado para comprobar, validar y autorizar un plan de control de seguridad? ¿Estas normas son de conocimiento público? En caso de respuesta afirmativa, indíquese la referencia. En caso de respuesta negativa, inclúyase un resumen.	
2.12 Planes de contingencia	
Materias principales por verificar	• Planes sobre respuesta en caso de emergencia, realización de copias de seguridad y recuperación de los sistemas de información tras un desastre
¿Qué planes y procedimientos de contingencia ha establecido su administración tributaria para reducir el impacto de una revelación irregular de datos o una pérdida irremediable de datos? ¿Estos planes y procedimientos son de conocimiento público? En caso de respuesta afirmativa, indíquese la referencia. En caso de respuesta negativa, inclúyase un resumen.	

2.13 Evaluación de riesgos	
Materias principales por verificar	• Potenciales riesgos de acceso no autorizado a los datos de los contribuyentes • Riesgo y magnitud de los daños causados por un uso o divulgación no autorizados de información, o por el fallo de los sistemas de información fiscal • Procedimientos de actualización de las metodologías de evaluación de riesgos

¿Lleva a cabo su administración tributaria evaluaciones de riesgos con objeto de identificar riesgos y el impacto potencial del acceso, uso y revelación no autorizados de información, o de la destrucción de los sistemas de información? ¿Qué procedimientos aplica su administración tributaria para la actualizar las metodologías de evaluación de riesgos ¿Estas normas y evaluaciones de riesgos son de conocimiento público? En caso de respuesta afirmativa, indíquese la referencia. En caso de respuesta negativa, inclúyase un resumen.

2.14 Adquisición de sistemas y servicios	
Materias principales por verificar	• Métodos y procedimientos para garantizar que los terceros proveedores de sistemas de información procesen, almacenen y transmitan la información confidencial de conformidad con los requisitos de seguridad informática

¿Qué procesos tiene establecidos su administración tributaria para garantizar que los terceros proveedores aplican unos controles adecuados de seguridad que respetan las exigencias de seguridad informática para la información confidencial? ¿Estos procesos son de conocimiento público? En caso de respuesta afirmativa, indíquese la referencia. En caso de respuesta negativa, inclúyase un resumen.

2.15 Protección de los soportes de información	
Materias principales por verificar	• Procedimientos para proteger la información en formato impreso o digital • Medidas de seguridad para que sólo los usuarios autorizados tengan acceso a los soportes de información • Métodos para depurar o destruir los soportes digitales antes de su eliminación o reutilización

¿Qué procedimientos aplica su administración tributaria para almacenar de forma segura y limitar el acceso a la información confidencial en formato impreso o digital tras su recepción de cualquier fuente? ¿Cómo destruye de forma segura su administración tributaria los soportes de información confidencial con vistas a su eliminación? ¿Estos procesos son de conocimiento público? En caso de respuesta afirmativa, indíquese la referencia. En caso de respuesta negativa, inclúyase un resumen.

2.16 Protección de los datos intercambiados en virtud de un convenio (anteriormente, prevención de la confusión de datos)	
Materias principales por verificar	• Procedimientos para garantizar que los archivos intercambiados en virtud de un convenio están protegidos y claramente identificados • Métodos de clasificación de archivos intercambiados en virtud del convenio

¿Qué normas y procedimientos aplica su administración tributaria para almacenar la información confidencial e identificarla claramente como información intercambiada en virtud de un convenio, tras recibirla de las Autoridades Competentes extranjeras? ¿Estos procesos y normas son de conocimiento público? En caso de respuesta afirmativa, indíquese la referencia. En caso de respuesta negativa, inclúyase un resumen.

2.17 Normas sobre eliminación de datos	
Materias principales por verificar	• Procedimientos para eliminar adecuadamente archivos electrónicos y en papel

¿Qué procedimientos aplica su administración tributaria para la eliminación de la información confidencial? ¿Estos procedimientos son aplicables también a la información intercambiada con Autoridades Competentes extranjeras? ¿Estos procedimientos son de conocimiento público? En caso de respuesta afirmativa, indíquese la referencia. En caso de respuesta negativa, inclúyase un resumen.

3. Seguimiento y sanciones

Además de mantener la confidencialidad de la información intercambiada al amparo de un convenio, las administraciones tributarias deben poder garantizar que su uso se limitará a los fines establecidos en el convenio de intercambio de información pertinente. Así pues, el cumplimiento de un marco aceptable de seguridad de la información no basta por sí solo para proteger los datos intercambiados en virtud de un convenio. Además, la legislación interna debe imponer multas o sanciones por la revelación o el uso irregular de la información del contribuyente. A fin de asegurar su aplicación, dicha legislación ha de contar con el apoyo de recursos y procedimientos administrativos adecuados.

3.1 Multas y sanciones	
Materias principales por verificar	• Sanciones impuestas por la revelación no autorizada de información • Prácticas de mitigación de riesgos
¿Está facultada su administración tributaria para imponer sanciones por la revelación no autorizada de información confidencial? ¿Las sanciones cubren la revelación no autorizada de información confidencial intercambiada con un socio de un convenio o AIIT? ¿Las sanciones son de conocimiento público? En caso de respuesta afirmativa, indíquese la referencia. En caso de respuesta negativa, inclúyase un resumen.	
3.2.1 Vigilancia del acceso y la revelación de información no autorizados	
Materias principales por verificar	• Vigilancia para detectar infracciones • Comunicación de infracciones
¿Qué procedimientos aplica su administración tributaria para vigilar las infracciones de la confidencialidad? ¿Qué normas y procedimientos aplica su administración tributaria para obligar a los empleados y contratistas a comunicar infracciones de la confidencialidad, potenciales o reales? ¿Qué informes elabora su administración tributaria cuando se produce una infracción de la confidencialidad? ¿Estos procedimientos y normas son de conocimiento público? En caso de respuesta afirmativa, indíquese la referencia. En caso de respuesta negativa, inclúyase un resumen.	
3.2.2 Sanciones y experiencia previa	
Materias principales por verificar	• Casos previos de revelación no autorizada de información • Modificaciones de normas o procesos para prevenir futuras infracciones
¿Se han producido en su jurisdicción casos de revelación irregular de información confidencial? ¿Se han producido casos en su jurisdicción en los que la información confidencial recibida por la Autoridad Competente de un socio en virtud de un intercambio de información haya sido revelada sin atenerse a los términos del instrumento al amparo del cual se facilitó? ¿Su administración tributaria o Inspector General ofrecen al público una descripción de las infracciones, las sanciones/multas impuestas y las modificaciones introducidas para mitigar los riesgos y prevenir futuras infracciones? En caso de respuesta afirmativa, indíquese la referencia. En caso de respuesta negativa, inclúyase un resumen.	

Acuerdo entre autoridades competentes sobre el intercambio de informes país por país al amparo de un convenio de doble imposición

Considerando que el Gobierno de [Jurisdicción A] y el Gobierno de [Jurisdicción B] se proponen aumentar la transparencia fiscal internacional y reforzar el acceso de sus respectivas autoridades tributarias a la información sobre el reparto mundial de los ingresos, los impuestos pagados y ciertos indicadores de la localización de la actividad económica entre las jurisdicciones en las que operan los Grupos Multinacionales, recurriendo al intercambio automático de los Informes País por País anuales, con objeto de efectuar una evaluación global de los riesgos de precios de transferencia y otros riesgos relacionados con la erosión de la base imponible y el traslado de beneficios, así como con fines de análisis económico y estadístico, cuando proceda;

Considerando que las legislaciones de sus respectivas Jurisdicciones exigen o está previsto que exijan que la Entidad Informante de un Grupo Multinacional presente anualmente un Informe País por País;

Considerando que el Informe País por País forma parte de una estructura en tres niveles, junto con un archivo maestro mundial y un archivo local, que representan conjuntamente un enfoque estandarizado de la documentación de precios de transferencia, que proporcionará a las administraciones tributarias información fiable y pertinente a fin de realizar un análisis sólido y eficiente de la evaluación del riesgo de precios de transferencia;

Considerando que el artículo [...] Convenio del Impuesto sobre Sociedades celebrado entre [Jurisdicción A] y [Jurisdicción B] (el "Convenio") autoriza el intercambio de información con fines fiscales, incluido el intercambio automático de información, y faculta a las autoridades competentes de [Jurisdicción A] y [Jurisdicción B] (las "Autoridades Competentes") acordar el ámbito y las modalidades de tales intercambios automáticos;

Considerando que [Jurisdicción A] y [Jurisdicción B] [tienen, o se prevé que tengan] antes del primer intercambio de Informes País por País, (i) las salvaguardias necesarias para garantizar que la información recibida de conformidad con este Acuerdo conserve su confidencialidad y se utilice únicamente a fin de evaluar con carácter global los riesgos de precios de transferencia y otros riesgos relacionados con la erosión de la base imponible y el traslado de beneficios, así como con fines de análisis económico y estadístico, en su caso, conforme al artículo 5 de este Acuerdo, y (ii) la infraestructura necesaria para una relación de intercambio efectivo (incluidos los procesos necesarios para garantizar un intercambio de información oportuno, preciso y confidencial, una comunicación eficiente y fiable y los medios que permitan resolver rápidamente las cuestiones y dudas que se planteen en relación con los intercambios o los requerimientos de intercambio de información y para aplicar lo dispuesto en el artículo 4 de este Acuerdo) y (iii) la normativa necesaria para exigir a las Entidades Informantes la presentación del Informe País por País;

Considerando que [Jurisdicción A] y [Jurisdicción B] tienen el compromiso de desplegar sus esfuerzos para alcanzar un acuerdo mutuo con el fin de resolver los supuestos de doble imposición con arreglo al artículo [25] del Convenio y el apartado 1 del artículo 6 del presente Acuerdo;

Considerando que las Autoridades Competentes se proponen concluir este Acuerdo sobre intercambio automático mutuo, de conformidad con el Convenio y con sujeción a las salvaguardias sobre confidencialidad y otras garantías previstas en el Convenio, incluidas las disposiciones que limitan el uso de la información intercambiada en su virtud;

Expuesto cuanto antecede, las Autoridades Competentes han convenido lo siguiente:

ARTÍCULO 1
Definiciones

1. A efectos del presente Acuerdo, las expresiones siguientes tendrán los significados que se indican a continuación:

a) Por **"[Jurisdicción A]"** se entenderá [...];

b) Por **"[Jurisdicción B]"** se entenderá [...];

c) Por **"Autoridad Competente"** se entenderá en el caso de [Jurisdicción A], [...] y en el caso de [Jurisdicción B], [...];

d) Por **"Grupo"** se entenderá un conjunto de empresas vinculadas por relaciones de propiedad o control, de forma que esté obligado a formular estados financieros consolidados con arreglo a los principios de contabilidad aplicables o estaría obligado a ello si las participaciones en el capital de tales empresas se negociaran en un mercado de valores.

e) Por **"Grupo Multinacional"** se entenderá cualquier grupo (i) que conste de dos o más empresas cuya residencia fiscal se encuentre en jurisdicciones diferentes, o que esté compuesto por una empresa residente a efectos fiscales en una jurisdicción y que tribute en otra jurisdicción por las actividades realizadas a través de un establecimiento permanente, y (ii) que no sea un Grupo Multinacional Excluido.

f) Por **"Grupo Multinacional Excluido"** se entenderá un Grupo que no esté obligado a presentar el Informe País por País porque sus ingresos consolidados en el ejercicio fiscal inmediatamente anterior al año de presentación de información, tal como constan en sus estados financieros consolidados correspondientes a dicho ejercicio anterior, fueran inferiores al umbral establecido en la legislación nacional de la Jurisdicción, de conformidad con el Informe de 2015, tal como haya sido actualizado, en su caso, tras la revisión de 2020 prevista;

g) Por **"Entidad Integrante"** se entenderá (i) una unidad de negocio independiente perteneciente a un Grupo Multinacional que esté incluida en los estados financieros consolidados del Grupo Multinacional a efectos de presentación de la información financiera, o que estaría incluida si las participaciones en el capital de dicha unidad de negocio se negociaran en un mercado de valores; (ii) una unidad de negocio excluida de los estados financieros consolidados del Grupo Multinacional únicamente por motivos de tamaño o relevancia; y (iii) un establecimiento permanente de una unidad de negocio independiente del Grupo Multinacional que esté contemplada en los incisos (i) o (ii) anteriores, siempre que esa unidad de negocio formule, para dicho establecimiento permanente, estados financieros separados a efectos de presentación de información financiera, regulatorios, fiscales o de control interno de la gestión.

h) Por **"Entidad Informante"** se entenderá la Entidad Integrante que, con arreglo a la legislación nacional de su jurisdicción de residencia fiscal, presenta el Informe País por País en virtud de su capacidad de actuar en nombre del Grupo Multinacional;

i) Por **"Informe País por País"** se entenderá el informe país por país que la Entidad Informante ha de presentar anualmente conforme a la legislación de su jurisdicción de residencia fiscal, con la información exigida por dicha legislación, que cubrirá los elementos previstos en el Informe de 2015 y seguirá el formato que éste establece, tal como sea modificado tras la revisión de 2020 prevista en el mismo;

j) Por **"Informe de 2015"** se entenderá el informe consolidado que lleva por título "Documentación de precios de transferencia e informes país por país", sobre la Acción 13 del Plan de acción de la OCDE/G20 contra la erosión de la base imponible y el traslado de beneficios.

2. A efectos de la aplicación del presente Acuerdo por una Autoridad Competente en cualquier momento, excepto cuando el contexto exija una interpretación diferente o las Autoridades competentes acuerden un significado común (en la medida en que lo permita su legislación interna), los términos y expresiones no definidos en este Acuerdo tendrán el significado que les atribuya en ese momento la legislación de la Jurisdicción que aplica el Acuerdo, prevaleciendo el significado atribuido por la legislación fiscal aplicable en esa Jurisdicción sobre el que resultaría de otras ramas del Derecho de esa Jurisdicción.

ARTÍCULO 2

Intercambio de información respecto de Grupos Multinacionales

Conforme a lo dispuesto en el artículo [...] del Convenio, toda Autoridad competente intercambiará anualmente y de forma automática los Informes País por País recibidos de las Entidades Informantes residentes fiscalmente en su Jurisdicción, con todas las demás Autoridades Competentes, siempre que, a la luz de la información contenida en el Informe País por País, una o varias Entidades Integrantes del Grupo Multinacional al que pertenece la Entidad Informante tengan su residencia fiscal o tributen por actividades realizadas a través de un establecimiento permanente situado en la Jurisdicción de la otra Autoridad Competente.

ARTÍCULO 3

Plazo y procedimiento de intercambio de información

1. A efectos del intercambio de información previsto en el artículo 2, se especificará la moneda de los importes recogidos en el Informe País por País.

2. En relación con el artículo 2, deberá intercambiarse por vez primera un Informe País por País, relativo a los ejercicios fiscales de Grupos Multinacionales que comiencen en o después de [....]. Dicho Informe País por País deberá intercambiarse tan pronto como sea posible y a más tardar 18 meses después del último día del ejercicio fiscal del Grupo Multinacional al que se refiere el Informe País por País. Los Informes País por País deberán intercambiarse tan pronto como sea posible y a más tardar 15 meses después del último día del ejercicio fiscal del Grupo Multinacional al que se refieren.

3. Las Autoridades Competentes intercambiarán automáticamente los Informes País por País mediante un esquema común en lenguaje de marcas extensible.

4. Las Autoridades Competentes se esforzarán por acordar y acordarán uno o más métodos para la transmisión electrónica de datos, incluidos estándares de cifrado.

ARTÍCULO 4
Colaboración en materia de cumplimiento y exigibilidad

Una Autoridad Competente procederá a notificar a la otra Autoridad Competente cuando tenga razones para considerar que un error puede haber originado una comunicación de información incorrecta o incompleta sobre una Entidad Informante, o que la Entidad Informante no ha cumplido su obligación de presentar un Informe País por País. La Autoridad Competente notificada aplicará todas las medidas previstas al efecto en su legislación interna para subsanar el error o el incumplimiento descrito en la notificación.

ARTÍCULO 5
Confidencialidad, protección de datos y uso adecuado

1. Toda la información intercambiada está protegida por las normas sobre confidencialidad y demás salvaguardias previstas en el Convenio, incluidas las disposiciones que limitan el uso de la información intercambiada.

2. Además de las restricciones previstas en el apartado 1, la utilización de la información estará limitada asimismo a los usos permisibles que se describen en este apartado. En particular, la información recibida a través del Informe País por País se utilizará para evaluar con carácter global los riesgos de precios de transferencia, de erosión de la base imponible y de traslado de beneficios, así como, cuando proceda, con fines de análisis estadístico y económico. Sin embargo, la información no sustituye a un análisis detallado de los precios de transferencia de operaciones y precios concretos, realizado sobre la base de un análisis completo funcional y de comparabilidad. Se reconoce que la información que figura en el Informe País por País no constituye, por sí sola, una prueba concluyente para determinar si los precios de transferencia son o no adecuados, por lo que los eventuales ajustes posteriores de los precios de transferencia no se basarán en el Informe País por País. Los ajustes improcedentes realizados en infracción de este apartado por las administraciones tributarias locales serán regularizados en los procedimientos de las autoridades competentes. No obstante lo anterior, no está prohibido basarse en los datos del Informe País por País para realizar nuevas indagaciones, en el marco de una inspección fiscal, sobre los sistemas de precios de transferencia u otros asuntos tributarios de un grupo multinacional y, en consecuencia, podrán introducirse los ajustes oportunos en los beneficios imponibles de una Entidad Integrante.

3. En la medida permitida por la legislación aplicable, toda Autoridad Competente notificará inmediatamente a la otra Autoridad Competente cualesquiera incumplimientos de lo dispuesto en los apartados 1 y 2 de este artículo, indicando las acciones correctoras y las medidas adoptadas respecto del incumplimiento de los citados apartados.

ARTÍCULO 6
Consultas

1. En los supuestos previstos en el artículo [25] del Convenio, las Autoridades Competentes de ambas Jurisdicciones se consultarán entre sí y se esforzarán por resolver la situación de mutuo acuerdo.

2. En caso de que surjan dificultades en la aplicación o interpretación de este Acuerdo, cualquier Autoridad Competente podrá solicitar consultas con la otra Autoridad competente para la adopción de medidas apropiadas que garanticen el cumplimiento de este Acuerdo. En particular, una Autoridad Competente consultará con la otra antes de determinar que se ha

producido una omisión sistemática en el intercambio de Informes País por País con la otra Autoridad Competente.

ARTÍCULO 7
Modificaciones

Este Acuerdo podrá modificarse por consenso mediante acuerdo escrito de las Autoridades Competentes. A menos que se convenga otra cosa, la modificación surtirá efectos en el primer día del mes siguiente a la expiración del plazo de un mes contado desde la fecha de la última firma de dicho acuerdo escrito.

ARTÍCULO 8
Vigencia del Acuerdo

1. El presente Acuerdo entrará en vigor [.../en la fecha de la última de las notificaciones remitidas por cada Autoridad Competente señalando que su Jurisdicción dispone de las leyes necesarias para exigir a las Entidades Informantes presentar un Informe País por País].

2. Una Autoridad Competente podrá suspender temporalmente el intercambio de información previsto en este Acuerdo mediante una notificación por escrito remitida a la otra Autoridad Competente indicando que ha determinado que existe o ha existido un incumplimiento sustancial de este Acuerdo por la otra Autoridad Competente. Antes de adoptar esa decisión, la Autoridad Competente mencionada en primer lugar consultará con la otra. A efectos de este apartado, se considerarán incumplimientos sustanciales las infracciones de los apartados 1 y 2 del artículo 5 y del apartado 1 del artículo 6 del presente Acuerdo, incluidas las disposiciones del Convenio que se citan en tales preceptos, así como el hecho de que la Autoridad Competente no facilite oportunamente información suficiente según lo previsto en este Acuerdo. La suspensión tendrá efectos inmediatos y perdurará hasta que la Autoridad Competente mencionada en segundo lugar determine, de forma satisfactoria para ambas Autoridades Competentes, que no se ha producido un incumplimiento sustancial o que la Autoridad Competente mencionada en segundo lugar ha adoptado las medidas oportunas para solventar el incumplimiento sustancial.

3. Cualquier Autoridad Competente podrá resolver el presente Acuerdo remitiendo una notificación de resolución por escrito a la otra Autoridad Competente. Dicha resolución surtirá efectos en el primer día del mes siguiente a la expiración de un plazo de 12 meses contado desde la fecha de la notificación de la resolución. En caso de resolución, toda la información recibida previamente conforme a este Acuerdo seguirá siendo confidencial y estará sujeta a los términos del Convenio.

Firmado en duplicado ejemplar en [...] el [...].

Autoridad Competente de [Jurisdicción A]	Autoridad Competente de [Jurisdicción B]

Acuerdo entre autoridades competentes sobre el intercambio de informes país por país al amparo de un acuerdo de intercambio de información fiscal

Considerando que el Gobierno de [Jurisdicción A] y el Gobierno de [Jurisdicción B] se proponen aumentar la transparencia fiscal internacional y reforzar el acceso de sus respectivas autoridades tributarias a la información sobre el reparto mundial de los ingresos, los impuestos pagados y ciertos indicadores de la localización de la actividad económica entre las jurisdicciones en las que operan los Grupos Multinacionales, recurriendo al intercambio automático de los Informes País por País anuales, con objeto de efectuar una evaluación global de los riesgos de precios de transferencia y otros riesgos relacionados con la erosión de la base imponible y el traslado de beneficios, así como con fines de análisis económico y estadístico, cuando proceda;

Considerando que las legislaciones de sus respectivas Jurisdicciones exigen o está previsto que exijan que la Entidad Informante de un Grupo Multinacional presente anualmente un Informe País por País;

Considerando que el Informe País por País forma parte de una estructura en tres niveles, junto con un archivo maestro mundial y un archivo local, que representan conjuntamente un enfoque estandarizado de la documentación de precios de transferencia, que proporcionará a las administraciones tributarias información fiable y pertinente a fin de realizar un análisis sólido y eficiente de la evaluación del riesgo de precios de transferencia;

Considerando que el artículo [5A] del acuerdo de intercambio de información tributaria entre [Jurisdicción A] y [Jurisdicción B] (el "AIIT") autoriza el intercambio de información con fines fiscales, incluido el intercambio automático de información, y faculta a las autoridades competentes de [Jurisdicción A] y [Jurisdicción B] (las "Autoridades Competentes") acordar el ámbito y las modalidades de tales intercambios automáticos;

Considerando que [Jurisdicción A] y [Jurisdicción B] [tienen, o se prevé que tengan] antes del primer intercambio de Informes País por País, (i) las salvaguardias necesarias para garantizar que la información recibida de conformidad con este Acuerdo conserve su confidencialidad y se utilice únicamente a fin de evaluar con carácter global los riesgos de precios de transferencia y otros riesgos relacionados con la erosión de la base imponible y el traslado de beneficios, así como con fines de análisis económico y estadístico, en su caso, conforme al artículo 5 de este Acuerdo, y (ii) la infraestructura necesaria para una relación de intercambio efectivo (incluidos los procesos necesarios para garantizar un intercambio de información oportuno, preciso y confidencial, una comunicación eficiente y fiable y los medios que permitan resolver rápidamente las cuestiones y dudas que se planteen en relación con los intercambios o los requerimientos de intercambio de información y para aplicar lo dispuesto en el artículo 4 de este Acuerdo) y (iii) la normativa necesaria para exigir a las Entidades Informantes la presentación del Informe País por País;

Considerando que las Autoridades Competentes se proponen concluir este Acuerdo sobre intercambio automático mutuo, de conformidad con el AIIT y con sujeción a las salvaguardias sobre confidencialidad y otras garantías previstas en el AIIT, incluidas las disposiciones que limitan el uso de la información intercambiada en su virtud;

Expuesto cuanto antecede, las Autoridades Competentes han convenido lo siguiente:

ARTÍCULO 1
Definiciones

1. A efectos del presente Acuerdo, las expresiones siguientes tendrán los significados que se indican a continuación:

a) Por **"[Jurisdicción A]"** se entenderá [...];

b) Por **"[Jurisdicción B]"** se entenderá [...];

c) Por **"Autoridad Competente"** se entenderá en el caso de [Jurisdicción A], [...] y en el caso de [Jurisdicción B], [...];

d) Por **"Grupo"** se entenderá un conjunto de empresas vinculadas por relaciones de propiedad o control, que esté obligado a formular estados financieros consolidados con arreglo a los principios de contabilidad aplicables o estaría obligado a ello si las participaciones en el capital de tales empresas se negociaran en un mercado de valores.

e) Por **"Grupo Multinacional"** se entenderá cualquier grupo (i) que conste de dos o más empresas cuya residencia fiscal se encuentre en jurisdicciones diferentes, o que esté compuesto por una empresa residente a efectos fiscales en una jurisdicción y que tribute en otra jurisdicción por las actividades realizadas a través de un establecimiento permanente, y (ii) que no sea un Grupo Multinacional Excluido.

f) Por **"Grupo Multinacional Excluido"** se entenderá un Grupo que no esté obligado a presentar el Informe País por País porque sus ingresos consolidados en el ejercicio fiscal inmediatamente anterior al año de presentación de información, tal como constan en sus estados financieros consolidados correspondientes a dicho ejercicio anterior, fueran inferiores al umbral establecido en la legislación nacional de la Jurisdicción, de conformidad con el Informe de 2015, tal como haya sido actualizado, en su caso, tras la revisión de 2020 prevista;

g) Por **"Entidad Integrante"** se entenderá (i) una unidad de negocio independiente perteneciente a un Grupo Multinacional que esté incluida en los estados financieros consolidados del Grupo Multinacional a efectos de presentación de la información financiera, o que estaría incluida si las participaciones en el capital de dicha unidad de negocio se negociaran en un mercado de valores; (ii) una unidad de negocio excluida de los estados financieros consolidados del Grupo Multinacional únicamente por motivos de tamaño o relevancia; y (iii) un establecimiento permanente de una unidad de negocio independiente del Grupo Multinacional que esté contemplada en los incisos (i) o (ii) anteriores, siempre que esa unidad de negocio formule, para dicho establecimiento permanente, estados financieros separados a efectos de presentación de información financiera, regulatorios, fiscales o de control interno de la gestión.

h) Por **"Entidad Informante"** se entenderá la Entidad Integrante que, con arreglo a la legislación nacional de su jurisdicción de residencia fiscal, presenta el Informe País por País en virtud de su capacidad de actuar en nombre del Grupo Multinacional;

i) Por **"Informe País por País"** se entenderá el informe país por país que la Entidad Informante ha de presentar anualmente conforme a la legislación de su jurisdicción de residencia fiscal, con la información exigida por dicha legislación, que cubrirá los elementos previstos en el Informe de 2015 y seguirá el formato que éste establece, tal como sea modificado tras la revisión de 2020 prevista en el mismo;

j) Por **"Informe de 2015"** se entenderá el informe consolidado que lleva por título "Documentación de precios de transferencia e informes país por país", sobre la Acción 13 del Plan de acción de la OCDE/G20 contra la erosión de la base imponible y el traslado de beneficios.

2. A efectos de la aplicación del presente Acuerdo por una Autoridad Competente en cualquier momento, excepto cuando el contexto exija una interpretación diferente o las Autoridades competentes acuerden un significado común (en la medida en que lo permita su legislación interna), los términos y expresiones no definidos en este Acuerdo tendrán el significado que les atribuya en ese momento la legislación de la Jurisdicción que aplica el Acuerdo, prevaleciendo el significado atribuido por la legislación fiscal aplicable en esa Jurisdicción sobre el que resultaría de otras ramas del Derecho de esa Jurisdicción.

ARTÍCULO 2
Intercambio de información respecto de Grupos Multinacionales

Conforme a lo dispuesto en el artículo [5A] del AIIT, toda Autoridad competente intercambiará anualmente y de forma automática los Informes País por País recibidos de las Entidades Informantes residentes fiscalmente en su Jurisdicción, con todas las demás Autoridades Competentes, siempre que, a la luz de la información contenida en el Informe País por País, una o varias Entidades Integrantes del Grupo Multinacional al que pertenece la Entidad Informante tengan su residencia fiscal o tributen por actividades realizadas a través de un establecimiento permanente situado en la Jurisdicción de la otra Autoridad Competente.

ARTÍCULO 3
Plazo y procedimiento de intercambio de información

1. A efectos del intercambio de información previsto en el artículo 2, se especificará la moneda de los importes recogidos en el Informe País por País.

2. En relación con el artículo 2, deberá intercambiarse por vez primera un Informe País por País, relativo a los ejercicios fiscales de Grupos Multinacionales que comiencen en o después de [….]. Dicho Informe País por País deberá intercambiarse tan pronto como sea posible y a más tardar 18 meses después del último día del ejercicio fiscal de la Entidad Informante del Grupo Multinacional al que se refiere el Informe País por País. Los Informes País por País deberán intercambiarse tan pronto como sea posible y a más tardar 15 meses después del último día del ejercicio fiscal del Grupo Multinacional al que se refieren.

3. Las Autoridades Competentes intercambiarán automáticamente los Informes País por País mediante un esquema común en lenguaje de marcas extensible.

4. Las Autoridades Competentes se esforzarán por acordar y acordarán uno o más métodos para la transmisión electrónica de datos, incluidos estándares de cifrado.

ARTÍCULO 4
Colaboración en materia de cumplimiento y exigibilidad

Una Autoridad Competente procederá a notificar a la otra Autoridad Competente cuando tenga razones para considerar que un error puede haber originado una comunicación de información incorrecta o incompleta sobre una Entidad Informante, o que la Entidad Informante no ha cumplido su obligación de presentar un Informe País por País. La Autoridad Competente notificada aplicará todas las medidas previstas al efecto en su legislación interna para subsanar el error o el incumplimiento descrito en la notificación.

ARTÍCULO 5
Confidencialidad, protección de datos y uso adecuado

1. Toda la información intercambiada está protegida por las normas sobre confidencialidad y demás salvaguardias previstas en el AIIT, incluidas las disposiciones que limitan el uso de la información intercambiada.

2. Además de las restricciones previstas en el apartado 1, la utilización de la información estará limitada asimismo a los usos permisibles que se describen en este apartado. En particular, la información recibida a través del Informe País por País se utilizará para evaluar con carácter global los riesgos de precios de transferencia, de erosión de la base imponible y de traslado de beneficios, así como, cuando proceda, con fines de análisis estadístico y económico. Sin embargo, la información no sustituye a un análisis detallado de los precios de transferencia de operaciones y precios concretos, realizado sobre la base de un análisis completo funcional y de comparabilidad. Se reconoce que la información que figura en el Informe País por País no constituye, por sí sola, una prueba concluyente para determinar si los precios de transferencia son o no adecuados, por lo que los eventuales ajustes posteriores de los precios de transferencia no se basarán en el Informe País por País. Los ajustes improcedentes realizados en infracción de este apartado por las administraciones tributarias locales serán regularizados en los procedimientos de las autoridades competentes. No obstante lo anterior, no está prohibido basarse en los datos del Informe País por País para realizar nuevas indagaciones, en el marco de una inspección fiscal, sobre los sistemas de precios de transferencia u otros asuntos tributarios de una empresa multinacional y, en consecuencia, podrán introducirse los ajustes oportunos en los beneficios imponibles de una Entidad Integrante.

3. En la medida permitida por la legislación aplicable, toda Autoridad Competente notificará inmediatamente a la otra Autoridad Competente cualesquiera incumplimientos de los apartados 1 y 2 de este artículo, indicando las acciones correctoras y las medidas adoptadas respecto del incumplimiento de los citados apartados.

ARTÍCULO 6
Consultas

1. En caso de que un ajuste de los beneficios imponibles de una Entidad Integrante, realizado a raíz de nuevas investigaciones basadas en los datos del Informe País por País, ocasione resultados económicos indeseados, incluso para una empresa concreta, ambas Autoridades Competentes iniciarán consultas y contactos entre sí con vistas a resolver la cuestión.

2. En caso de que surjan dificultades en la aplicación o interpretación de este Acuerdo, cualquier Autoridad Competente podrá solicitar consultas con la otra Autoridad competente

para la adopción de medidas apropiadas que garanticen el cumplimiento de este Acuerdo. En particular, una Autoridad Competente consultará con la otra antes de determinar que se ha producido una omisión sistemática en el intercambio de Informes País por País con la otra Autoridad Competente.

ARTÍCULO 7
Modificaciones

Este Acuerdo podrá modificarse por consenso mediante acuerdo escrito de las Autoridades Competentes. A menos que se convenga otra cosa, la modificación surtirá efectos en el primer día del mes siguiente a la expiración del plazo de un mes contado desde la fecha de la última firma de dicho acuerdo escrito.

ARTÍCULO 8
Vigencia del Acuerdo

1. El presente Acuerdo entrará en vigor [.../en la fecha de la última de las notificaciones remitidas por cada Autoridad Competente señalando que su Jurisdicción dispone de las leyes necesarias para exigir a las Entidades Informantes presentar un Informe País por País].

2. Una Autoridad Competente podrá suspender temporalmente el intercambio de información previsto en este Acuerdo mediante una notificación por escrito remitida a la otra Autoridad Competente indicando que ha determinado que existe o ha existido un incumplimiento sustancial de este Acuerdo por la otra Autoridad Competente. Antes de adoptar esa decisión, la Autoridad Competente mencionada en primer lugar consultará con la otra. A efectos de este apartado, se considerarán incumplimientos sustanciales las infracciones de los apartados 1 y 2 del artículo 5 y del apartado 1 del artículo 6 del presente Acuerdo, y de las disposiciones del AIIT que se mencionan en tales preceptos, así como el hecho de que la Autoridad Competente no facilite oportunamente información suficiente según lo previsto en este Acuerdo. La suspensión tendrá efectos inmediatos y perdurará hasta que la Autoridad Competente mencionada en segundo lugar determine, de forma satisfactoria para ambas Autoridades Competentes, que no se ha producido un incumplimiento sustancial o que la Autoridad Competente mencionada en segundo lugar ha adoptado las medidas oportunas para solventar el incumplimiento sustancial.

3. Cualquier Autoridad Competente podrá resolver el presente Acuerdo remitiendo una notificación de resolución por escrito a la otra Autoridad Competente. Dicha resolución surtirá efectos en el primer día del mes siguiente a la expiración de un plazo de 12 meses contado desde la fecha de la notificación de la resolución. En caso de resolución, toda la información recibida previamente conforme a este Acuerdo seguirá siendo confidencial y estará sujeta a los términos del AIIT.

Firmado en duplicado ejemplar en [...] el [...].

Autoridad Competente de [Jurisdicción A]	Autoridad Competente de [Jurisdicción B]

ORGANIZACIÓN DE COOPERACIÓN Y DE DESARROLLO ECONÓMICOS (OCDE)

La OCDE constituye un foro único en su género, donde los gobiernos trabajan conjuntamente para afrontar los retos económicos, sociales y medioambientales que plantea la globalización. La OCDE está a la vanguardia de los esfuerzos emprendidos para ayudar a los gobiernos a entender y responder a los cambios y preocupaciones del mundo actual, como el gobierno corporativo, la economía de la información y los retos que genera el envejecimiento de la población. La Organización ofrece a los gobiernos un marco en el que pueden comparar sus experiencias políticas, buscar respuestas a problemas comunes, identificar buenas prácticas y trabajar en la coordinación de políticas nacionales e internacionales.

Los países miembros de la OCDE son: Alemania, Australia, Austria, Bélgica, Canadá, Chile, Corea, Dinamarca, Eslovenia, España, Estados Unidos de América, Estonia, Finlandia, Francia, Grecia, Hungría, Irlanda, Islandia, Israel, Italia, Japón, Letonia, Luxemburgo, México, Noruega, Nueva Zelanda, Países Bajos, Polonia, Portugal, Reino Unido, República Checa, República Eslovaca, Suecia, Suiza y Turquía. La Comisión Europea participa en el trabajo de la OCDE.

Las publicaciones de la OCDE aseguran una amplia difusión de los trabajos de la Organización. Éstos incluyen los resultados de la compilación de estadísticas, los trabajos de investigación sobre temas económicos, sociales y medioambientales, así como las convenciones, directrices y los modelos desarrollados por los países miembros.

OECD PUBLISHING, 2, rue André-Pascal, 75775 PARIS CEDEX 16
(23 2015 38 4 P) ISBN 978-92-64-26785-5 – 2016

www.ingramcontent.com/pod-product-compliance
Lightning Source LLC
LaVergne TN
LVHW081421110826
845149LV00010B/1822
9789264267855